リアル世界をあきらめない

この社会は変わらないと思っているあなたに

時代をつくる文化ラボ
jidaiotsukurubunkarabo
制作

発行＝はるか書房　発売＝星雲社

幻想《ファンタジー》を嗤《わら》いとばし、現実《リアル》世界をあきらめない
――序にかえて

「はだかの王様」という寓話について、きみもきっと聞いたことがあるだろう。

「馬鹿には見えない服」に身を包んだ「はだか」の王様がパレードし、大人たちはほめたたえ、子どもたちは嗤《わら》いとばすという有名なお話だ。

この寓話の顚末《てんまつ》はといえば、こうだった。

子どもたちが「王様ははだかだ！」と叫んだ瞬間、問題が一挙に解決する。王様はいたく恥じ入り、大人たちは子どもたちに感謝して、パレードは解散となる。

めでたしめでたし、というわけだ。

けれども、ぼくたちの生きるこの社会は、「王様ははだかだ！」と叫んだぐらいでは変わらないように見える。自分が正しいと思うことを言ったぐらいでは何も変わらないという無力感が、ぼくたちの社会に暗い影を落としている。

ましてや、何が正しいのかさえわからないのが実情だ。ぼくやきみにとっての現実《リアル》が真実だという保証など、まったくないのだ。王様が「はだか」に見えるのは目の錯覚で、本当は服を着ていないともかぎらない……。

そう疑いだしたら最後、ぼくたちは足場を失い、一歩も動けなくなってしまう。

王様の服が見えないのは自分が馬鹿だからだ、と自分で自分を卑下したり、悪いのは王様ではなくこの眼のほうだ、と自己を責めたり、はたまた、現実《リアル》なんてない、すべては幻想《ファンタジー》だと斜にかまえてみたりする。

そうこうしている間にぼくたちは、自分自身や他の人びとを見殺しにしてしまうのだ。

何も行動を起こさないから、無邪気な子どもの口はふさがれ、「王様ばんざい！」の声とともに、パレードは続いていくのだ。

一人ひとりが生活のなかでずっしりと感じている、それぞれの現実《リアル》を踏みにじりながら……。

だからまず必要なのは、自分にとっての現実《リアル》を叫ぶこと、他人の叫びを聞き漏らさずにキャッチすることだ。そうすることで何が真実なのか、どうしたら問題を解決することができるのかを、みんなで話し合えるようになる。

だから、「王様ははだかだ！」と叫ぶことからはじめよう。

幻想《ファンタジー》を嗤《わら》いとばし、現実世界《リアル》をあきらめないことが、ぼくたちが自分を偽らずに生きるための、唯一の方法なのだから。

＊

いまの世の中はどうにもこうにも胡散《うさん》くさくて、息苦しくて、なんとかしたい。これが、ぼくたちがこの本をつくろうと集まったきっかけだ。

現代社会の閉塞状況をどうしたら打破できるのかを基本的な問題意識として、ぼくたちはさまざまな話題について論じてみた。
こうした問題意識を共有し、この本を手にとってくれたきみも一緒に考えてくれるなら、ぼくたちはとてもうれしい。

（小谷　英生）

目次

第 1 章

自由のラプソディ

小谷英生

Rhapsody

自由と個人を尊重せよ

どうやら最近、自由というものの評判が悪いらしい。

オオモノ政治家や経営者は、日本社会がダメになったのは個人のワガママ、「行き過ぎた自由」のせいだと言うし、何でも自由にしなさいと放り出されるよりも、「重要なことは他人に決めてもらいたい」という若者が増えているらしい。たしかにぼくも、冗談か本気か知らないけれど、学生にときどき聞かれる。「先生、ぼくは将来何になればいいと思いますか」。

でも、いきなりだけど、きみはそもそも自由だろうか。

「うーん、好きな漫画を読んだりゲームをしたり、自由って言われればそうなんだろうけど、バイトもしなきゃいけないし、お金がないから昼ごはんは安いカップラーメンしか食べられないし……。よくわからない。というか、自由ってそもそも何だ？」

はっきりとYES・NOと答えられる人もいるだろうけれど、こうした回答がきっと多いのではないだろうかと、ぼくは予想する。はたして自分は自由なのか、そうでないのか、直感的にはよくわからない。かといって、じっくり考えてみても、やっぱりわからない。

それでも、「日本という国は自由を尊重しています」と、みんな学校で習ったはずだ。だから「どうも自由とは大切にされるべきものらしい」ということだけは、みんな知っている。だけど、そんなものはタテマエで、ホンネの部分で日本社会は相当に窮屈だ。そのうえさらに自由を制限したい爺サマたちやオバサマたち、自由はツライと考える若者たちが跋扈《ばっこ》しているとなれば、日本はますます息苦しい社会になりそうだなあと考えているのは、きっとぼく一人ではないはずだ。

ぼくは、自由とはぼくたち一人ひとりにとってとても大切なものであり、この社会は各人の自由をサポートする仕組みを持たねばならないと考えている。

こう言われてもあまりピンとこないかもしれない。ひょっとしたら、朝礼で繰り返される校長先生のスピーチのように、ぼくの話はカビの生えたお説教か、アリガタイお言葉となって（いずれも無用の長物だ）、きみの脳みそのシワ一つ増やさないかもしれない。大切なことはいつだって月並みで、くどくて、ダサいのだ。

それでもぼくは、いまこそ自由について語らなければならないと考えている。うまく語れるといいけれど……きみに失望されないよう、なんとかやってみたいと思う。

ぼくがテツガクをはじめた理由《ワケ》

自由について考えるにあたって、まずは、ぼくが人生ではじめて自由を実感したときのことから話をはじめたい。ようは、ぼくの自分語り、思い出話だ。それは大学受験に端を発する。

ぼくは高校三年生のときに一種のワーカー・ホリックになり、家族や先生が心配するほど必死に受験勉強をした。始発電車で学校に行き、放課後も遅くまで教室に居残り、家に帰ってからさらに日をまたぐまで、一年間、とにかくひたすら勉強し続けた。

勉強と聞くと、「うえっ、嫌だなあ、やりたくないなあ」と拒絶反応を起こす人もいると思う。けれど、当時のぼくにとって勉強は苦しいどころか、むしろ楽しい作業であった（いまもあの頃のように仕事できたらなあと思うけれど……残念ながら体力も落ちているし、お酒を飲んじゃうから夜は使いものにならなかったりする）。

それでも、夏休みを越えたあたりから、徐々に辛くなってきた。勉強することが、ではない。ぼくのスタディ・ホリックにも拍車がかかり、数学に夢中になって電車を乗り過ごすことが日常になっていたぐらいだ（いま考えれば、どこか壊れていた……）。そうではなく、自分の興味関心を追究することが禁じられた受験のための勉強が、だんだんと苦痛になってきたのである。

受験勉強は大学入学の手段だ。出題範囲や出題傾向が決まっており、それを超えた勉強は無意味だという暗黙の制約がある。だから早く大学に入って、自分のやりたい勉強をしたい。当時のぼくは、そんな気持ちを抱きつつも受験勉強にいそしんだ。

そんな不純な（?）気持ちだからか、第一志望に落ち、後期入試で引っかかった文系国立大学に進学した。そこで、さあ、好きな勉強をするぞという一八歳のぼくを、ショッキングな事実が襲う。

ぼくが出会った同級生たちのほとんどは、勉強なんてくだらないとやめてしまうか、資格試験のための勉強しかやらないか、いずれかだったのだ。

もちろん、日本の大学生は勉強しないというイメージは、当時もあった。しかしそれはあくまでも「大学の講義には出ない」という意味にすぎず、重要な本はちゃんと読んでいて、それについて喫茶店やなんかで議論しているはずだ。ぼくはそんな淡い憧れを持っていた。いまでも研究室にやってきた学生たちにコーヒーをふるまうのは、こういった憧れの反映かもしれない……というのはさておき、知的な場面がまったく見られなかったわけではないものの、「勉強なんて意味がない、サークル・バイト・恋愛こそが大学生活だ！」「いやいや、将来のためにがんばって資格をとらなきゃ！」と考える学生があまりにも多くて、ぼくはびっくりしてしまったわけだ。

こう書くと、「ダメな大学生ばかりだなあ」ときみは嘆くかもしれない。しかしながら、大学での勉強、つまり学問研究に価値を置かないのは、必ずしも彼らだけの責任ではない。人文・社会科学系の学問を軽視する風潮は社会全体を覆っており、若者たちはそうした空気を吸って、成長してきただけなのだから。

いまから思い起こすと、学問軽視の風潮が決定的になったのは一九八〇年代、バブル期だ。都市は成長し、「トレンド」で溢れかえり、札束が湯水のように宙を舞った時代。テレビでは視聴者参加型のバラエティ番組が増え、素人・芸人問わずキャラづけしてイジるという文化が生まれ、食べ物を粗末にしたり、家や車を「ノリ」で破壊するシーンがお茶の間を沸かせた。

そんな雰囲気のなかで、人びとの価値観が変化しないわけがない。みんな金や贅沢にあてられて、真面目に勉強する人間を「ネクラ」「シラケる」「ダサい」とコケにし、スカしたふりしてドンチャン騒ぎし、ラクして儲けるスタイルを「オシャレ」と喜んだ。拝金主義・快楽主義・刹那《せつな》主義のトリプルパンチだ。大学は「テーマパーク化」したと言われ、就職は売り手市場で、企業が就職してくださいと頭を下げにくるんだから、遊び呆けていても大丈夫……。ならば、学問なんて地味で面倒くさいことをありがたがるのは、よほどの物好きにちがいない。バブルの熱気のなかで、社会全体がそういう考えに流れていった。

こうした風潮に抵抗した良識人や学生も、当然ながらたくさんいた。しかしぼくの見解では、若者の政治に対する関心や、学問に対する社会的尊敬は、このとき決定的に壊されてしまったのである。そしてそれは、いまでも尾を引いている。

だから、大学に入るやいなや勉強をやめてしまったり、あくまでも職業訓練としてのみやるといった態度を示したとしても、それは八〇年代バブル以後の世代にとっては、ある意味当たり前の光景であったのだ。

しかも、ぼくが大学に入学した一九九九年という年は、ノストラダムスの大予言……なんて懐かしいものもあったけれど、新しいバブル、すなわちＩＴバブルに沸き立つ時代だった（ＩＴは情報技術という意味）。インターネットを利用したビジネスなんていまでは当たり前になっているものも、当時はまだはじまったばかりであった。Ｅビジネスやボーダレスなんて言葉が新聞やテレビで躍り、時代はひとつの転換点を迎えていたのだ。

そのおかげで、ぼくが入学した頃のキャンパスは、これからはＩＴを駆使したニュービジネスの時代だ！　乗り遅れるな！　という熱気に満たされていた。実際に投資や起業を行う学生も増え、その儲けで二〇万円以上もするソニーのロボット犬・ＡＩＢＯを飼っている友人もいた（しかも二匹。ちなみに、このＩＴバブルは二〇〇〇年に早くもはじける。まったく、ピンポイントで奇妙な時期に当たったものだ）。

こういう「ノリ」とは無関係に、地道に学問研究を続けている学生も多かったようだが、新入生のぼくが目の当たりにしたのは真面目な知的探求を軽視する空気だった。そして言うまでもなくぼくにとっては、ひじょうに窮屈な雰囲気だった。

かくして大学に入ってもなお、「勉強とはたんなる手段」という受験生時代のぼくを苦しめたあの制約が、ふたたび圧しかかってきたわけである。

誤解のないように言っておくが、大人になったいまでは、学問研究には「手段としての知」という大切な役割があることも十分に理解しているつもりだ。一八歳のぼくが聞いたら「裏切り者」と言われそうだが、なにしろぼくは、いま勤めている教育学部で、「先生になるための勉強」を学生に押しつけているのだから……。

しかし当時のぼくにとって、「手段としての知」を身につけることは、いまの自分を「将来の自分のための手段」にするという本末転倒を意味した。それは自己否定に等しかった。それだから、ぼくは極端なまでに「手段としての知」を拒絶しようとしたのだった。代わりに、たとえ将来何の役にも立たなかったとしても、自分自身を肯定し、現在につなぎ止めてくれるような何かを強く求めた。

そんなぼくが志したのが、テツガクである。

自分自身をしっかりと見つめ、自分と自分を取り巻く世界について根本から考えなおし、なんとかここに踏みとどまる——そんなことができるのは、テツガクしかないと思ったからだ（ここで「テツガク」とカタカナで表記するのは、いわゆる「哲学」は「手段としての知」を含んでいるからである。ちなみに、ことばを吟味し鍛えなおし、一からはじめるという作業を「テツガク」と呼ぶならば、すべての学問に「テツガク」的な要素はある）。

ここで当時ぼくが書きなぐっていたノートを開いてみる。残念ながらそのまま引用できるような適当な表現がなかったので、修正・要約しつつエッセンスだけを紹介したい。

ハンマーを手に入れれば、いろいろなものを壊したり造ったりすることはできる。しかしそのハンマー自身を壊したり造ったりすることはできない。そもそも、なんで壊したり造ったりしなきゃいけないのか、そんなことについても、ハンマーは何も教えてはくれないだろう。

「とりあえず何かの役に立つだろう」とハンマーを握るのは、もう止めにする。いままでぼくが身につけてきたペンチやドライバーの類もすべて破棄したい。一から考えるというそのこと自身も含めて、すべてを一から考え直したい。ただ考えるために、考えることについて、考えたい。

それはテツガク的な思考だ。

ハンマー、ペンチ、ドライバー。これらは、ようするにことば（＝概念）の比喩だ。ぼくらはさまざまなことばで世界を理解し、世界に働きかけている。しかし、受験勉強がまさにそうであるように、ぼくらは一方的にことばを押しつけられており、大人たちが見るように世界を見ることを強要されている。だからこそ、ことばそのものを疑い、鍛えなおし、自分で選びとることが、一八歳のぼくには必要だったのだ。

かくしてぼくは、テツガクなんてものをはじめた。哲学書を中心にさまざまな本を読みあさり、徹底的に対話した。自分の言葉を一つひとつ点検し、整理し、自分自身で選びなおして再構築していった。

そうしてようやく、忘れもしない大学二年生の冬、唐突に、生きた心地がしたのである。ようやくぼくは、心の深いところから、自分自身を肯定することができたのだ。

この生きた心地がしたという経験こそが、ぼくにとっては自由の経験であった。

テツガクをすることは、ぼくが生まれてはじめて味わう自由だったのだ。

不自由であるとはどういうことか

はじめて味わう自由だったのだ、なんて言われても、ワケわかんない。きみはそう言うかもしれない。そんな経験したことないし、べつにそれで不都合を感じたこともないし……。それとも、未熟だった頃のぼくの経験は、多少なりともきみの心に響いただろうか。

ぼくは、たんなる思い出話や、まして努力自慢をしたかったわけではない。読者にテツガクを勧めたかったわけでもない（そういう下心がないかといえば、ウソになるけれど）。受験勉強なんてやらなくてもいいとか、「手段としての知」はダメだなんて言うつもりも断じてないのだ。勉強を通じてことばを獲得し、それを使いこなすことは、とても大切なことだからである。

しかし、たとえそれで生活が成り立ったとしても、きみがきみとして生きるためには、それだけでは不十分なのではないか。押しつけがましいかもしれないが、ぼくはそう感じている。外から一方的に与えられたレディ・メイド（＝既製品）のことば、一つの結論へと誘導されてしまうようなことばのつながり（つまりは論理）、こういったものをたくさん身につけ、うまく踊れるようになったとしても、それは「ただ踊らされているだけ」なのではないか。そう考えるからだ。

もちろん、レディ・メイドのことばを身につけ、それらしく振る舞うことは、必ずしも不自由な生き方だとは言えないだろう。

たとえば、どんな職業でも三年ぐらいがんばれば、多くの人がそれらしくなる。営業マンは営業マンらしく、学校の先生は先生らしく、といったふうに。彼らは職業上のことばやスキルを自由自在に操り、魚が波間を泳ぐように、スイスイと仕事をこなす。できることが多くなり、選択の幅が広がり、顧客に信用され、仕事が楽しくなって、充実感や自信が湧いてくる。

これはこれで自由の経験なのではないかと言われれば、たしかにそのとおり、とぼくは答える。「できる」ことが多くなるのは、間違いなく自由の拡大だからである。また、職業人として熟練することの価値も、高く評価されるべきだと考えている。さまざまな人びとがさまざまな仕事をきちんと行っているからこそ、社会は成り立っているのだし、なにより他人に認められるということは、ぼくらが生きていくうえで大切な要素だからだ。

しかし、このような「職業人の自由」には落とし穴がある。

人は、職業人として熟練すればするほど、その職業のことばと論理に精通していく。しかしそのことに満足し、あぐらをかいていると、それ以外のことばがどんどんやせ細っていってしまうのだ。そうして、ひとたび職業上の立場を離れると、とたんに思考が貧弱になるのである。

こんなことがあった。あるとき、ちょっとした飲み会の席で友人のAさんが、「ウチの会社は電気をめちゃくちゃ消費するから、原発の再稼動が決まって正直ホッとしたよ」と感慨深げに言ったのだ。その言い方があまりにあっけらかんとして、周囲を憚らないようだったので、再稼動賛成・反対にかかわらず、ぼくも含めその場にいた友人たちは、びっくりして黙ってしまった。

その瞬間、ぼくの隣にいた別の友人Bさん（この方は二児の母だ）が口を開いた。「会社の意見はともかくとして、Aさん個人としては、それでいいんですか？」それを聞いたAさんは言葉に詰まり、何も言い返せなくなってしまった。話はそれっきりうやむやになってしまったが、ぼくは心のなかでBさんに拍手を送った。

Aさんにしても、世の中にはいろいろな立場や意見があることは、わかっていたはずである。しかし、じつは自分のなかにもいろいろな立場・意見がありうるとは、夢にも思っていなかったのではないか。たとえばAさんにも、Bさん同様、子どもがいる。だから親として原発再稼動に賛成なのか反対なのかは、必ずしも会社の意見とは一致しないだろう。このことを鋭く指摘したBさんの切り返しに、ぼくは感心したのである。

どうやら、長く仕事をしていると、最初は仕事のためにかぶっていた職業人という仮面が顔に張りつき、いつしか自分の顔と同化してしまうようだ。すると、たとえば営業マンは仕事とは無関係の事柄であっても営業のことばと論理で思考し、すべてを損得計算で判断するようになってしまうのだ。そうしてAさんのように個人の意見と会社の意見を区別できないようになり、政治や社会に関する重要な判断を、会社の利益という観点からしか考えられないようになってしまう。政治家だろうと銀行員だろうと、それどころか大学の哲学教員ですら、事情は同じだろう。

だからぼくらは、うまく距離をとりながら、レディ・メイドのことばや論理とつきあっていかねばならない。それらは人間から自由を奪い、不自由な存在へと貶《おとし》めてしまうからである。ことばを自由に操っているつもりが、反対にことばに支配されてしまっている、不自由な存在へと……。これが「職業人の自由」の落とし穴である。

レディ・メイドのことばをただ身につけるだけで、そのことの意味をきちんと考えないならば、ぼくらはことばに支配された、ただの機械《マシーン》になってしまう。一八歳のぼくは潔癖なまでにこのことに抵抗したし、自分らしく生きるための新たなことばを開拓した——と、こう書けば、きみにもぼくの言わんとすることが、少しは伝わったのではないだろうか。

さて、先ほどぼくは、「できる」ことが増えることも自由の経験だ、と述べた。しかしこれは条件つきの自由にすぎない。何かに支配されて従属状態にあるとすれば、たとえ「できる」ことが多かったとしても、人間は不自由だからだ。

反対に、一番大切な事柄——ぼくらの生き方、ぼくらの未来について、自分自身の力でしっかりと考え、選び、決められるのであれば、これこそが自由の行使なのだと考える。自由の本質とは、他の何ものでもなく自分で自分を支配することだからである。

冒頭で、自由をうとましく感じる若者が増えているらしい、という話を紹介した。しかしそれも当然だと、きみはそう思わないだろうか。いまの世の中、選択肢はたしかにある。「できる」ことが増えているように見える。けれども、「選択をしない」というその一点が、ひじょうに困難なのである。社会通念や社会的圧力、物質的困窮、はたまたぼくらの欲望を刺激するテレビ・広告の類によって、ぼくらはしたくもない選択を余儀なくされているのである。

「先生、ぼくは将来何になればいいと思いますか」と言ってくる学生たちは、「たかが二〇歳そこらで自分の一生を決定しなければならない」状況に、きっと息苦しさを感じている。どの企業に入るかは自由だが、どこかの企業には就職するように！　という圧力に辟易《へきえき》している。

ぼくが教えている教育学部の学生たちも、学校教員になりなさいというプレッシャーをひしひしと感じながら、自分の人生の正しい道を模索して、必死にもがいているように見える。たまたまそういう学生が、ぼくのまわりに集まってくるだけかもしれないけれど……ぼくは彼らの悩み苦しみは、まったく正当だと考える。

ぼくの話を理解したならば、きみにはもうわかっているはずだ。この社会を生きるぼくらを息苦しくさせているものは、自由ではなく不自由である。選択・決定の自由を謳いながら、選択・決定をするというそのこと自体の選択・決定ができないことに、特定の選択を強いられていることに、ぼくらは苛立ちと不安を抱えているのだ。

自由のために必要なこと

ここまで、一八歳のぼくの経験を足がかりとして、自由と不自由について考えてきた。それによってわかったことは、次のことだ。自由というのは二階建ての建物で（もっと高いかもしれないが、それはさておき）、いろいろなことを選択・決定できるという一階の上に、その選択を行う自分自身のありようを選択・決定できるという、二階部分が乗っている。

この二階部分の自由は、自分が自分の支配者ないし主人となって、自分の生き方、幸福、自分らしさなんかについて選択・決定できる、そういった自由だ。

そしてこの二階の自由が実現しなければ、いくら一階が大きくきらびやかになったとしても、人間は不自由であり続ける。言ってみれば、二階の自由こそが本丸なのだ。

ところで、事情がいま述べたとおりであるならば、もっとも自由な人間とは、自分自身の主人であり、しかもたくさんの「できる」ことを持っている人間である（つまり一階も二階も充実している人間である）と、こういうことになるのだろうか。

ヒネクレ者のテツガク者であるぼくは、これだけでは不十分だと言うつもりだ。もっとも自由な人間とは、他者の自由も尊重し、他者の自由を促進することのできる人間だ、とぼくは考えるからである。

どれだけ立派な建物でも、沼地に建てられていたのでは、住むには値しない。だから、建物を評価するときには、その土台、基礎部分もきちんと評価する必要がある。

では、ぼくらが自分自身の主人となり、かついろいろなことを「できる」ようになるためには、いったい何が必要だろうか。努力だろうか。お金だろうか。それとも健康……？ たしかにどれも重要で、必要なものかもしれない。しかし、ぼくは断言する。自由という建物の一番重要な土台は「個人の尊重」であり、それに見合った人間相互の支え合いにある、と。

考えてもみてほしい。ぼくらは生まれながらにして自由な存在である。ところが、生まれながらに「自由を行使できる自立した個人」として存在しているわけではない。ぼくらは教育を受け、さまざまな人に会い、さまざまなことを経験し、学びながら成長し、ようやく自立した個人になる。幾多の出会いを経て二階部分のことばを身につけ、はじめてぼくらは自由にものを考え、自分らしく生きられるようになる。

ことばを身につけるという作業は決して一人でできるものではない、ということを、ぼくは強調したい。「個人の尊重」に則って形成された人間関係や社会制度が存在しない場合には、ぼくらには自由になるチャンスなど皆無であろうからである（全体主義や独裁国家を考えてみればいい）。思考《パンセ》とは、通過《パッセ》することによってはじめて可能となるのだ。通過した出会いが多ければ多いほど、思考はたくましく柔軟になる。そうしたさまざまな出会いを経て、ぼくらのなかに個性という、一人ひとり味の異なる野性のぶどう酒《ヴァン・ソヴァージュ》ができあがるのだ。画一化を目指す管理教育と人材育成、互いに本音でぶつかることを避けるような「やさしさ」から生まれるのは、化学薬品まみれで味の抜けた、マズいぶどう酒だけであろう。

　一八歳のぼくにしたって、自分の力だけでテツガクできたのかといえば、とんでもない。

　高校のとき、哲学なんて学問があることを教えてくれた先生がいた。大学生という身分は、思いっきり書物に向き合うことを社会的に認めてくれた。よくわからないコトをはじめた自分を、文句も言わずに見守ってくれた家族がいた。あきれつつも、つきあってくれた友人がいた。学部の研究室選考のときに、なぜ哲学に興味があるかを尋ねられて、「興味というのは門の外にいる人間が抱くものだ。だから自分にとって、哲学はもはや興味の対象ではない」と言い放ったぼくを、「きみは昔のぼくに似ているね」と笑いながら受け入れてくれた指導教官《せんせい》を、ぼくは忘れることができない。

　こういったあれこれに、ぼくがどれほど救われたか。きみにも想像できると思う。未熟な自分を個人として尊重し、受け入れてくれるという恵まれた人間関係があったからこそ、一八歳のぼくは自由を味わうことができたのである。

　自由という建物の土台、基礎部分とはだから、ぼくらの自由をサポートしてくれるような人間関係や社会制度にほかならない（これをぼくは自由な社会と呼びたい）。そうしたものなしには、ぼくたちが自由になるのは途方もなく困難だからだ。

したがって、本当の意味で自由な人間とは、自由な社会に価値をおき、それを実現しようと積極的に行動する人間であるにちがいない。ぼくはそう考える。土台が脆ければ建物も危ういのだから、本当に自由を愛する者は、自由のための社会をも愛さなければならないのである。

それだからぼくは、もっとも自由な人間とは他者の自由を尊重し、他者の自由を促進することのできる人間だ、と主張したわけである。自分自身の主人であり、「できる」ことをたくさん持っている、それだけでは、もっとも自由な人間とはたとえばブラック企業の経営者だということになってしまう。「勝ち組」なんて言葉を聞いていると、世の中がそれを受け入れているのではないかと勘ぐってしまうけれど、ぼくは断固、こうした自由観には反対するつもりでいる。

自由な社会をめざして

というわけで、自由を三層構造でとらえよう、というのがここでのぼくの主張である。

ぼくらが自由な個人になり、自由な個人であり続けることをサポートするような人間関係・社会関係・社会制度が土台であり、その上に二階建ての建物がある。一階部分には、あれやこれやの具体的な事柄を選択・決定する自由があり、二階部分には、ぼくらの生き方や幸福、価値観、アイデンティティといったより抽象的でより大切な事柄を選択・決定する自由がある。これを主権者としての自由、と言いかえてもいいかもしれない。自分自身について自分自身で決定できることが、主権概念の一つのポイントだからだ。

それでは、ぼくらがいまどのような建物に住んでいるのか、ひるがえって現代日本社会を眺めてみよう。

きみはもう気づいているのではないかと思う。土台としての自由な社会はガタガタで、一階部分だけが異様に大きく歪んでいて、二階部分がボロボロの家……。これが、ぼくらの手元にある自由だ。だから、よほど運がよくないかぎり、ぼくらには自由な個人になるためのチャンスが存在しないらしい。悲しいことに、これが現代日本社会の姿である。

しかしだからこそ、自由の尊重というこの国のタテマエを、ホンネにしようではないか。きみを「人間」ではなく「人材」としてしか考えないようなことばを捨て、そういうことばに支配された大人たちを哀れみながら、きみが他でもないきみ自身として生きるためのことばや人間関係を、社会を手に入れようではないか。いまこそ土台を強固にし、二階部分の自由を打ち立てるべきだ。「思いどおりにいかないこともあるけれど、自分は自由に生きている」と自信をもって言える、そんな世の中を創ろうじゃないか。

そのとき、かつてぼくが感じたように、きっときみも生きた心地がするはずだ。

長々と語ってきたが、きみの耳にはやっぱりただのお説教にしか聞こえなかったかもしれない。しかし、もしもきみが二階の自由を行使できず、個人の尊重も踏みにじるならば、まわり回ってぼくの自由も危うくなる。なにしろぼくらは互いの自由をサポートしあう、運命共同体なのだから……。

だからぼくは、ぼくなりに必死になって、きみに訴えているつもりなのだ。

貧困と不自由

そこでいま、現代社会で問題になっている「ブラック」をあえて定義してみれば、「しばしば暴力支配を伴って、理不尽かつ過重の物理的・精神的負担を強いることで、一階の自由のみならず二階の自由を奪う」ような事態を指している、と言えるだろう。つまり「ブラック」は生活を圧迫するだけでなく、個人の多様な生き方、アイデンティティをも否定してしまうのだ。

貧困女子高生バッシング

たとえば二〇一六年八月に、こんなことがあった。

母子家庭で、「子どもの貧困」にあえぐ高校三年生の女子生徒が、ある集会で貧困の実情と改善を訴えた。自分には夢があるのに、親の所得が低いために進学をあきらめなければならないかもしれない。現代日本にはそういった子どもたちがたくさんいることを知ってほしい。そう主張したのである。

このことがＮＨＫの特集で報道されるや否や、ネッ

「ブラック」な文化

さて、いうまでもなく、自由な社会を実現するためにすべきことはたくさんあるだろう。

しかし、ぼくが以下で批判的に考察したいのは、社会に蔓延する負の文化についてだ。日本社会の悪しき文化・風潮が足を引っ張り、何をするにもぼくらの邪魔をしているからである。

そうした文化を、ぼくは「ブラック」な文化と呼びたい。現代日本社会は自由な社会とは対極の、「ブラック」な社会だからだ。

一昔前まではブラックな仕事といえば、高利貸し、賭博、麻薬の密売に暗殺といった違法な仕事を意味していたが、現在ではそうではない。「ブラック」とは、職種や仕事内容を指すのではないからだ。人権軽視、法律無視、パワハラ、サービス残業、人材の使い捨て……。非人間的な待遇が用意されている状況は、いまやことごとく「ブラック」なのである。

ト上で「叩き」がはじまった。テレビ画面に映りこんだ彼女の部屋には「物が多すぎる」、彼女のツイッターの投稿には過去の「散財」の記録が残っているなどと書き込まれ、「貧困ならば、こんなに散財できるわけがない」といった声が相次いだ。

そしてついに、彼女は貧困でもなんでもない「なりすまし」だ、「ヤラセ」だという大バッシングに発展したのである。

しかし彼女のツイッターで報告されていたのは、一〇〇〇円程度のランチを食べたり、好きなアニメのグッズを揃えたり、人気歌手のライブに行ったりと、その程度である。一万円を超す高額なマーカーのセットが画面に映りこんでいたという意見もあるが、それが本当だとしても、けっして手が届かない品物ではない。デザイン系の仕事を志している以上、「散財」ではなく必要な自己投資とも言える。

そもそも、日々の食事にも困るほど貧しくはないからといって、彼女が貧困ではないということにはならないはずだ。生存困難なレベルを示す絶対的貧困ではなく、当該社会における相対的貧困が、ここでは問題だからである。

少しでも一階の自由（＝自由な買い物）が行使できれば貧困ではないとする貧困観は、「ブラック」な文化のひとつである。

「子どもの貧困」

さて、いまや六人に一人が該当するといわれる「子どもの貧困」は、世帯収入を基準に割り出された相対的貧困である。母子二人の場合、いわゆる手取りの世帯年収で一八〇万円ほどであれば、その世帯の子どもは「子どもの貧困」に該当するのだ。

この収入をどのように使おうが、もちろんそれは個人の自由であるはずだ。

しかしだからこそ、散財しないで進学資金を貯めるべきであったし、進学を社会的にサポートする必要はない、という意見もあるだろう。

だが、ここで忘れてはならないことは、自由な個人になるためには、それなりのコストがかかるということである。友人たちとランチをしたり、ライブに行ったり、ツイッターに報告する……こういったあれこれは、人格を養うために重要なコミュニケーションだ。アイデンティティ形成のために必要な経験として認められるべきであろう。

じっさい彼女は番組のインタビューのなかで、家にパソコンがないことがきっかけで、はじめて自分が貧困だと気づいた、と述べていた。つまり、高卒以後の進路の問題に突き当たるまで、彼女には自分が貧困だという実感はなかったように推察される。

それはつまり、「わが家は貧困だから……」と自分を卑下したり、金銭的理由で交友関係を断念したりすることなく育ったということだ。

ところが進路を決めるにあたり、自己の望む生き方を実現しようと挑戦するための機会が貧困によって制限されていることに気づいたのではないか。自由な個人になるためにも、自由を行使するためにも、この社会では私的な出費が多すぎる。だから貧困は、個人の自由にダイレクトに影響してしまう、と……。

そこで、自分と同じ境遇の人びとのために、彼女は貧困問題の社会的改善を訴えたのである。

このようにしっかりとした個人になるのはどれだけ大変だったのか、母親はどれだけ苦心したかを想像してみると、貧困女子高生バッシングの異常さが際立ってくる。

自由な個人になるためのコストを無視するのも、「ブラック」な文化のひとつである。

「苦労の連鎖」を断ち切れ

このような論点を何も考慮せずに、ネットでは彼女の行動を「散財」とバッシングする。進学資金を貯めておかないお前が悪いと「自己責任」論を展開する。

このように寄ってたかって自由を握りつぶそうとする状況は、「ブラック」と言うよりほかないだろう。

ところが、この件に関して、読者のなかにはなおも次のような感想を抱く方もいるかもしれない。「自分はもっとひどい境遇だったが、我慢に我慢を重ね、いまは立派にやっている。だから、彼女の言い分はただの甘えだ」と。

しかし、自分の苦労を「当たり前」だとして次世代にも押しつける、この「苦労の連鎖」を断ち切ることが、「ブラック」から脱出し、自由な社会を実現するための第一歩である。

反＝「滅私奉公」論

個人と全体

二〇一六年三月、ある学校の校長が卒業式の祝辞のなかで、「女性にとって最も大切なことは、子供を二人以上産むことです」と発言し、メディアが大きく取り上げた。「これは仕事でキャリアを積むこと以上に価値があります。なぜなら、子供が産まれなくなると、日本の国が無くなってしまうからです」、とも。

報道では問題発言だ、けしからんという論調が支配的であったが、実際には校長の意見に賛成している人も多いのではなかろうか、というイヤな予感をぼくは覚えた。案の定、ネットでは校長を支持する声が多数あがっていた。また、ぼくの印象だが、発言の何がどう問題だったのか、うやむやのまま一連の報道はストップしてしまったように思う。

かくしていつもように（？）問題が社会的に共有されないまま、この件は忘れ去られてしまったのである。

それはともかく、この発言に代表されるように、社会のために個人の自由を制限せよという論調が猛威をふるっている。これをぼくは「滅私奉公」論と呼ぶ。

先の校長は、女性の生き方をただ限定しようとしているだけではなく（これはこれで大問題なのだが）、個人よりも全体を優先させるべきだという本音を、祝辞のなかでチラつかせていた。彼のメッセージを書き直せば、「日本にとって最も大切なことは、女性が子供を二人以上産むことです」「日本のために女性は仕事のキャリアを捨てて子供を産みなさい」ということになるだろう。

滅私奉公しろ!?

ところで、ニートやブラック企業問題に対して、爺サマたちが鼻息を荒くしながら、こう叫んでいるのを耳にしたことはないだろうか。「仕事がツラいのは当然で、みんな怒られながら成長していくものだ。ところがどうだ。今時の若者は、何かあるとすぐにブラックだなんだと騒ぎたて、義務も果たさず権利ばかりを主張する。けしからん！　いまの若者は怒られることに慣れていないし、忍耐も足りない。この社会にぶら下がっているだけで、この社会を支えていこうという気構えがない。みんな甘えているのだ！　だから、つべこべ文句を言うんじゃない。黙って、社会のために、身を粉にして働くのだ!!」

ぼくは、ぼくの親世代が必死に働いてこの社会の物質的豊かさを築きあげてきたことを、否定するつもりはない。しかし、かつての輝かしき「企業戦士」「モーレツ社員」たちは、いまや悲しき「社畜」に成り下がってしまった。劣悪な職場環境、不安定な雇用、長時間労働、あげく低賃金。改善される兆しのない諸事情によって、子どもはおろか結婚さえもあきらめざるをえないような人びとに、それでもなお「忍耐しろ」「甘えるな」と「滅私奉公」を強いるのが正しいやり方だとは、とても思えない。

現代の若者は甘えていると言うならば、適切な見返りや待遇を与えない経営者や、きちんとした法制度をつくらない政治家のほうが、よっぽど甘えているじゃないか。ぼくにはそう思えてならないわけである。

個人主義≠エゴイズム

「滅私奉公」論者は、戦後民主主義のなかで強調される自由や権利を制限せよと言い、代わりに義務を強調する。現代人はみんなワガママなエゴイストで、そのせいで社会はメチャクチャになっている。だから人びとが黙って「滅私奉公」さえすれば、日本社会はうまく回ると信じ込んでいる。

なるほど、労働法を無視したブラック企業や、非正規雇用を増やすよう政府に圧力をかける経営者団体、帳簿を改ざんする大企業のおエライさんたちを見ていると、たしかに彼らのような「現代人」はみんなワガママなエゴイストで、そうした人びとのせいで日本がメチャクチャになっていることは間違いない。

しかし、少なくとも日本社会がタテマエとして掲げている「個人の自由」とは、エゴイズムのことではない。きみもぼくも個人なのだから、ぼくが「個人の自由」を尊重するならばきみのことも尊重しなければならないと、こう主張しているからである。

少し論理的に考えてみれば、個人主義とエゴイズムは対立関係にはない。個人主義に対立するのは全体主義であり、エゴイズムつまり利己主義に対立するのは、アルトゥリズムつまり利他主義だからである。したがって、個人主義とエゴイズムは即座に結びつくものではない。

個人主義とは、きみもぼくも同じ個人として等しく尊重されるべきことを含意しており、だからたぶんに利他主義的傾向を持った平等主義なのである。

少子化問題の根っこの部分

とはいえ、個人主義で少子化問題が解決するのか、と疑問に思う人もいるだろう。個人の自由にまかせて、この社会に未来はあるのか、と。

そういう人は、あらためて考えてみてほしい。では「滅私奉公」で少子化は解決するのだろうか、と。いまでさえ、日本は「子どもを産め」という圧力の強い社会であり、かなりの程度「滅私奉公」気質の強い社会である（だから地方での出生率は、いまでもそれほど低くない。少子化問題はじつは都市問題でもある）。してみれば、貧困や過重労働にあえぐ若者が多い現状でこの気質をさらに強めてみても、何も解決しないのではないだろうか。

万が一、それで少子化問題が解決したとして、そのときどのような社会が到来するだろうか。きみやきみの友人・子どもが、好きでもない人と無理やり結婚し、性交渉を行い、望まない妊娠・出産をするのを「義務」とするような社会である。

この「義務」を果たさない人間を非国民と呼ぶような社会が、本当によい社会なのだろうか。そういった社会を実現するために、ぼくらは少子化問題を解決するべきなのだろうか。

断じてそうではない、とぼくは考える。

よりよい社会を実現し、よりよい社会でぼくらの子どもたちが生きていけるようにすることが、少子化問題の真の解決だからである。

少子化問題とは、たんに子どもの数が減少しているというだけでなく、若者が物質的・精神的に困窮し、さまざまな面でこの社会の未来に失望していることの結果なのだから……。

個人の自由と価値観を尊重し、安心して子育てができるような社会の仕組みをつくっていくことが、やっぱり大切なのである。

「自己責任」論のウソ

イラク日本人誘拐事件

「滅私奉公」と並んで猛威をふるっているのが、「自己責任」論だ。

「自己責任」という言葉が盛んに用いられるようになったのは、二〇〇四年に起きたイラク日本人誘拐事件の報道においてである。

イラク日本人誘拐事件とはイラク戦争の最中、現地に赴いた市民活動家二名（うち一人は未成年）とジャーナリスト二名、NGO職員一名が誘拐され、日本政府に対して自衛隊の撤退が要求された事件である。

この要求を当時の小泉政権は拒否。そのさいにマスコミから一斉に出されたのが、「危険を承知で現地入りした以上、誘拐された責任は本人にある。だから政府は誘拐犯の要求にしたがう必要はない」という「自己責任」論だったのである。

「自己責任」というと、「自分がしたことには責任を持て」という主張のように思うかもしれない。そして自由には責任が伴う以上、それはもっともな主張のように見える。

しかし、これは通常の「責任」論だ。イラク日本人誘拐事件以来の「自己責任」論は、もっとどぎつい主張を含んでいる。「自己責任」論の基本的主張とは、次のようなものだからである。「あなたが何をどうしようと自由だけれど、結果はすべて自分の責任だ。だから、いかなる不利益を被ったとしても、自分だけでなんとかしなさい」。

つまり「自己責任」論とは、相手を見捨てるための方便なのである。

「自己責任」論のレトリック

この方便は社会全体に浸透し、いまや何でもかんでも「自己責任」で処理される時代になりつつある。「だってお前、努力してこなかったじゃん」。「それって、あなたが選んだんでしょ」。金持ちになるのも貧乏になるのも、老人の孤独死でさえ、すべて「お前が悪い、以上」。

このような論調を前に、ぼくらの選択の自由は著しく制限される。何を選んでもよい、ただし自己責任で。この一言だけでぼくらは萎縮し、チャレンジせずにリスクの低い無難な道ばかりを選んでしまう。

「自己責任」論は、一見すると自由を認めているように見えて、じつは自由の行使を妨げているのである。

先ほど取り上げた貧困女子高生のように、そもそも自由を行使する機会がない場合ですら、「自己責任」論者は冷たい。奨学金（という名の借金）を借りたり、バイトで稼いで大学に通うことだってできるのだから、大学進学をあきらめるのは「やむをえないこと」ではなくて、「あなたの選択の結果」にすぎない。だから、それは社会のせいではない。「努力しなかった自分の愚かさを恨みなさい」というわけだ。

努力主義のウソ

だが実際には、「自己責任」論は成立しない。「自己責任」論は真実をまったく含んでいないわけではないが、当人のおかれている（そして当人に責めのない）外的要因を無視しているからである。

学力の低い人を例にとってみよう。彼・彼女は、親ないし保護者が教育に関するノウハウを知らず、また教育投資を行う余裕がなかったために、適切な教育機会に恵まれなかったかもしれない。勉強部屋がもらえず、テレビの音や会話のうるさい居間で勉強するしかないような環境で育ったとすれば、まともに勉強することは難しい。

そのような環境で育った彼・彼女の学力が低かった場合、それは本当に本人の努力が足りなかったせいなのだろうか。家庭環境からの帰結と考えるのが、自然ではないだろうか。

なるほど、「いや、それでも努力できたはずだ」と言うことはなおも可能であり、「自己責任」論者は実際にそう考えるかもしれない。しかしたとえそうであったとしても、環境要因や環境圧力を無視していいことにはならないはずである。

だから百歩譲って「自己責任」論者の言い分を認めたとしても、「彼・彼女が勉強してこなかったのは本人が努力しなかったからであり、かつ、努力を著しく困難にする外的要因が存在していたからだ」と考えるのが適切である。

そうである以上、すべての責任を本人に押しつける「自己責任」は成立しないことになる。

巧妙なすり替えに注意せよ

この例からもわかるように、「自己責任」論は常にすり替えを行っている。外的要因ないし社会構造の問題を個人の問題にすり替え、部分的にしか負わせられないはずの責任を全責任にすり替えているのだ。だから、「自己責任」論は暴論であり、認めることはとうていできない。

にもかかわらず「自己責任」論が説得力を持つように見えるのは、なぜなのだろう。

その答えは、おそらく、現代社会が「自己責任」で活躍する人間を一つの理想としているからである。結果について全責任を負えるほどしっかりと物事を選択・決定できるような、強い人間を。

こうした強い人間は、情報へのアクセス・解析能力、費用対効果やリスクとリターンについて計算できる高い思考力、自分にとって何が最善なのかを決める目標設定能力、先を見通す想像力、リスクを回避する行動力などを、備えているとされる。さらに、他人の意見に流されずに物事を選択・決定できる強い自己、努力に耐えうる強い身体も必要となる。

このような人間は、たしかに魅力的かもしれない。しかし圧倒的多数の人びとはこうした強い人間ではないし、必ずしもそうあるべきでもないだろう。現実を無視して「マッチョ」な人間観を基礎に据えている点でも、「自己責任」論はすり替えを行っている。

しかも、「自己責任」に耐えうる強さを持ちうるのは、ほとんどの場合、恵まれた環境で育った人ではないだろうか（極貧からの叩きあげ、という例もないわけではないけれど）。実のところぼくは、彼らの努力を大いに認めるつもりであるが、しかし彼らが自分の力だけで成功したというストーリーはウソであると考える。

努力やチャレンジができる環境に恵まれていたならば、彼らは自分の力だけで生きてきたわけではない、ということになるからである。

ここにも、すり替えの匂いがする。

コンビニエンスな自由、なんてもの

お裾分け文化

べつに自分語りが好きなわけでもなんでもないが、最後にまた一つ、思い出話をしてみたい。ぼくが小さかった頃（昭和の時代だ）、お裾分けという文化がまだ残っていた。

小学校低学年くらいのぼくは団地の二階に住んでいて、夕飯時に、たとえば一階下のおばちゃんを訪ねる。しばらくすると、おばちゃんが出てきて、醤油だの味噌だの米だのを譲ってくれるのだが、そのとき煮物やなんかも一緒に持たせてくれるのだ。自分の家とは違う味つけの肉じゃがや煮魚は、やたらに美味かったのを記憶している。

そして後日、お礼を言いにいくときには、わが家の料理を持っていく。「人が握ったおにぎりなんて食べたくない」という潔癖症には信じられないかもしれないが、近隣との人間関係は、たとえばこうしたお裾分けによって成り立っていたのである。

ところが、ある時期を境に（おそらく一九八〇年代後半）、ぼくの周りに存在していたお裾分けの交流は、ぴたりと止んでしまう。すぐ近くにコンビニエンス・ストアができたからである。以後、緊急の必要性が生じると、ぼくは近所の人の家ではなく、コンビニに買い出しに行くようになる。そうやってだんだんと、よそ様の「家庭の味」を味わう機会はなくなっていく。

ぼくの住んでいた団地は東京都心から一時間弱のところにある新興のベッド・タウンで、もともと人間関係が脆弱であったため、コンビニの登場はお裾分け文化を破壊するには十分なインパクトを持っていた。

お裾分けがぼくの地域コミュニティ参加の原体験だとすれば、コンビニへの買い出しは市場社会参加の原体験であったと言える。ついでに言うと、ぼくの「はじめてのお使い」は、近くの公園のあたりに毎週水曜日だか木曜日の午後にやってくる移動式の食料雑貨屋（つまりワゴン車販売）であった。だから、ぼく個人の実感からすれば、親からお金を渡されて買い物に行くことは、生活圏の外部からやってきた他者との交流を意味していた（じつは、少し足を伸ばせばスーパー・マーケットや、それなりに老舗のコンビニだってあったのだが、小学校低学年の自分にとっては生活圏外だった……）。

しかしコンビニが生活圏に侵入してくることによって、ぼくと市場との距離はぐっと縮まった。お裾分け、つまり物を譲り合う関係によってつながっていた人間と人間の関係が消失し、貨幣を仲立ちにした商品関係がそれに代わった。

もちろん、ぼくが購入する商品だって誰かがつくったものにほかならないし、店員とのやりとりだってあるのだから、コンビニの買い物においても人間関係は成り立っている。しかし、商品を生産した人間とぼくとは、互いに見知らぬ誰かさんなのである。店員とぼくも同じく、ただ店員と客、売り手と買い手というビジネス上の関係しか持たない。

互いの善意や思いやり、あるいは地域コミュニティを維持しようという努力によって支えられてきたお裾分けの、温かくもあり多少面倒くさくもある人間関係は、商品交換というよそよそしい人間関係にとって代わられてしまったのである。

コンビニエンスでない夜の闇

さて、ぼくがこの話をしたのは、かつてのお裾分け文化をノスタルジックに賞賛するためではない。そもそもお裾分けされる醤油や味噌は、すでに資本主義的に生産され、商品交換によって入手されたものであるし、ぼくが住んでいたベッド・タウンそのものが、経済成長に伴って開発されたものである。だから、ぼくの思い出もまた、外から見れば偽りの牧歌的光景でしかないのかもしれない。

それでもコンビニの登場は、生活形態が資本主義によって壊され、再編成された瞬間として、ぼくの脳裏に強く残っているのである。

コンビニエンス・ストアはまさにコンビニエンス（＝便利）であり、その圧倒的な店舗数によって、ぼくらはいつでもどこでも、昼も夜も買い物を楽しむことができるようになった。夜中の二時に仕事を終えても、ビールとつまみを手に入れることができる。これはもちろん素晴らしいことだ。隣近所との面倒くさい交流から解放され、自分ひとりで好き勝手に生活できるというのも、快適である。

もしも自由というものが、煩わしさからの解放や選択肢の増大だとすれば、なるほどコンビニは人間を自由にしたと言えるだろう。

けれども、このようなコンビニエンスな自由は、本当の意味でぼくらを自由にしてくれただろうか。ぼくにはそうは考えられない。

生活必需品の買い物は、ぼくらの生活リズムと大きく関わっている。ぼくはオーストリアとドイツに住んだ経験があるが、スーパー・マーケットの閉店時間はどこも二〇時頃だった（コンビニのようなものは、そもそもあまりなかった）。しかし、人びととの生活がそれに合わせて動いているため、とくに不便だということはない。現地の人びとはそれよりも、夜の暗さや静けさに価値を置くのだ。

だから生活に慣れ、夜というものを堪能するようになると、買い物に行こうなんて気すら起きないようになり、ぼくも完全に「オフ」の時間を楽しめるようになった。

対する日本での生活スタイルは、コンビニとともに二四時間営業だ。夜中に思い立ったら着替えて（場合によっては寝巻きのままで）買い物に行く。買い物に行くことを思い立ってしまう。あたかもぼくらの生活は、コンビニに支配されているかのようである。静かで暗い夜の落ち着きに比べて、はたしてどちらが豊かだろうか。

コンビニは、ぼくらの一階部分の自由を拡大してくれた。それは間違ってはいない。その代わり、お裾分け文化のなかに存在していた優しさ、気遣い、煩わしさ、緊張感といった複雑な人間関係が消失し、ぼくらはそれだけ、自由な個人になるための学びの場を失った。暗く静かな夜の闇を失った。

ぼくらが二階部分の自由をきちんと行使し、自分らしく生きるために必要なのは、煩わしくも個人を尊重してくれるような人間関係と、誰にも邪魔されずに自分と向き合える時間なのではないだろうか。

そう考えると、「ブラック」な文化――「苦労の連鎖」も「コンビニ」も、「滅私奉公」も「自己責任」も、ぼくらから自由を奪い、奇妙で歪んだ人間に仕立てあげるためのおぞましい機械装置に見えてくるのだ。

Dialogue

セクシュアル・マイノリティのリアル

某月某日、レズビアンの知人女性大沢楓さん（仮名）に話を聞いた。二〇代の大沢さんは現在、会社員として働いている（なお、彼女の言い方に従って、セクシュアル・マイノリティはセクマイと略す。また、大沢さんの一人称は「自分」である）。

――大学時代、すぐに周囲にカミングアウト（自分がレズビアンであることを告白する行為）していたみたいだけど、それはなぜ？

大沢　そういえば、なぜでしょうね……。大学という空間がそうさせた部分もあります。いまの職場ではしないし、家族はもう知っているけれど話題に上らない。大学では友人や後輩たちに承認されていて、先生方も偏見がないのがわかっていたから、できたんだと思います。

――大学でカミングアウトせずに生活するのは大変だった？

大沢　当時の彼女が同じ大学の同じ部活内にいたので、少なくとも部活内では知られていないと、周囲とぎくしゃくしたと思う。ただ、学部は違ったので、自分の学部では言わなくても生活できたかな。

――でも、カミングアウトしちゃったんだ。

大沢　そうですね（笑）。自分は彼女ができると嬉しくなって言いたくなるほうだし、恋愛相談もしたい。それに、「彼氏いるの？」とか訊かれると面倒くさいじゃないですか。

――つまり、他愛のない〈ふつうの会話〉がしたかった、と？

大沢　そうですね。

――セクマイで困ったことは？

大沢　親の理解があまりないことですね。

――具体的には？

大沢　まず服装。カッコいい服装をしたい。だから乳房があるのがネック。かといって、乳房を取ることはしたくないので、つぶしたりして目立たないようにしています。親はそれが嫌みたいです。女の子が好きだからといって、男っぽい格好をすることはないんじゃない？　と言われました。

——セクマイであることと、男っぽい格好をしたいというのは関係あるの？

大沢　それは考えましたが、自分が彼女と一緒にいて、二人とも女性っぽい格好をしていると、周りからの目が怖いんです。外を歩いていて同性カップルに見られるのが怖い、という意識がどこかにあります。異性カップルに準じたつきあい方をしてい る、と思われるのも嫌ですけど、そういうつきあい方に憧れがないわけでもない。葛藤がありますね。

——他には？

大沢　学校では女子トイレに入れたけれど、自分は男に見られるような格好をしているので、外ではなかなか入れない。銭湯や温泉も気を遣います。友人たちは自分の性的趣向の対象だとわかっているので、どう思われるかが心配です。自分も裸を見られるのが嫌。だから、友人とは入ったことがない。

——へえ、そうなんだ。ちなみに、セクマイだと自覚したのはいつ？

大沢　はっきりと自覚したのは高三のときですね。

——自然に受け入れられた？

大沢　自然ではなかったです。中学生のときに男の子とつきあったんですが、うまくいかなくて……。その頃、女性の芸能人がかわいいなって思いはじめて。周りはジャニーズが好きで、そのあたりから何か違うなあと感じるようになった。部活の遠征のときも、周りはみんな女子なのに、「カッコよく見られたい」と思ったり。

女子高に入ってからも、そういう意識が強くなった。髪もどんどん短くなっていったし、テレビを見ていても女性芸能人ばかりに目がいくようになった。それで、高校一年生のときに「おかしいな」と思った。でも、周りは「彼氏ができた」と騒ぎ出したので、自分も「彼氏をつくらなきゃ」とも思いました。それで男性ともつきあってみましたが、性的なことが気持ち悪いなって……。キスも嫌。男性とはつきあえないと、そのとき実感しました。

――やっぱり最初は「おかしいな」と思った？

大沢　はい。

――つまり、知らぬ間にヘテロ（異性愛者）の規範を内面化してたってこと？

大沢　そうですね。

――で、それに疑問を持たなかった、と。

大沢　そういうことになりますね。だから、気づいたときの反応が「おかしいな」だった。なので、調べました。「女の子」「好き」といった単語で検索し、レズビアンなどのワードを知りました。

――そのときはじめて知ったの？

大沢　はい。ホモとかそういう侮蔑的な言葉は知っていたんですが……。高三で部活を引退した後、ちゃんと調べるようになって、レズビアンの集まるSNSを見つけて登録してみた。そこでのつぶやきや投稿を見て、「あ、自分と似てるな」と思いました。そのとき「自分も女の子を好きでもいいんだな」と思えるようになったんです。

――じゃあ、そのSNSに救われた感じはあるんだ？

大沢　そうですね。ただ、いまはもうそのSNSはないんですが……。

――カミングアウトするようになったのは、そのSNSをきっかけとして？

大沢　いえ、そのSNSを知る前に、仲のいい子にカミングアウトしたことがあります。ある女性を好きになって、恋愛相談がしたくて。

――やっぱり恋愛相談（笑）。反応は？

大沢　ああ、やっぱりそうなんだねって感じで（笑）。自分はボーイッシュだったので、受け入れてくれる人は多かったのかもしれません。逆に、女性らしい人がカミングアウトするのは大変だと思います。いまつきあっている女性は見た目がいかにも女の子っぽいんですが、会社では「彼氏」がいることになっています。

――なるほど……。セクマイであることで、あなた自身は何か生きづらさを感じてる？

大沢　自分はそれほどではないですね。職場では言う必要がないし、家族も自分のことをわかっている。彼女がいて、結婚はできなくてもさしあたり同棲できる。いまの自分の人生設計上、セクマイという理由でそこまでつらいわけではない。

ただ、結婚ができず、扶養手当がもらえないのは金銭的に苦しい。また職場で子どもの話をする人が多く、そのたびに、つらくなるわけではないけど、いい気持ちはしないかな。個人や家庭の事情とは無関係に、仕事だけしたいなあとは思いますね。

——一般論として、セクマイであることに生きづらさを感じている人もいるよね？

大沢　それは間違いなくそうですね。周りのセクマイの友だちで、結婚したがっている人も多い。ただ、同性愛者よりも性同一性障害のほうが生きづらさを感じているのではないか、とも思います。たとえば、二人とも見た目が女の子というカップルでも、ディズニーランドで手をつないで歩いていたり、同性愛者は徐々にオープンになってきています。家族に打ち明けられない悩みを抱えている人もまだ多いみたいですけれど……。

——話を聞いていると「みんな強いな」という気がするけど、全員そうではないような。

大沢　まずはオープンにするまでが大変ですね。

——下手にオープンにして、ますます苦しくなっちゃうなんてことも。一橋大学での強制アウティング事件（注）もありました。オープンにするためのノウハウはあるの？

大沢　ノウハウはわかりませんが（笑）、自分の場合は女子高だったので、他にも同棲カップルがいることを知っていました。また、大学の学部では、差別や平等についての授業も多かった。だから、環境に恵まれていた部分はやっぱりあります。逆に、周りに理解がないと……。カミングアウトできる人とできない人の線引きは、自分ではできてるつもりです。

——その意味ではセクマイの連帯や、社会的な認識の深まりは絶対に必要ですね。

大沢　はい。自分の血液型を伝えるような気軽さでアウティングできる社会が理想ですね。

（注）二〇一六年に一橋大学ロースクールで起きた事件。ゲイの男子学生が同じクラスの友人男性に告白したものの、自分がゲイであることを周囲にバラされ（＝他者による強制アウティング）、自殺するという痛々しい結果に終わった。

インタヴュー中、自分がセクマイの「代表」とならないよう慎重に言葉を選ぶ大沢さんの姿が印象的だった。大沢さんは、体育会系で「ガッツ」のある女性に見える。ところが、そうでないセクマイもたくさんいることを、本人もよく理解しているのである。セクマイということで一括りにできないのも、セクマイのリアルである。

なにより、大沢さんもまた弱い部分を持っている。彼女は社会的圧力に対して恐怖や不安、葛藤を抱えながら、それでも自分らしく生きるために、強くあろうとしているのである。

セクマイに強さを強要するこの社会の未成熟さを痛感させられたものの、自分を偽らない大沢さんの生き方に、ぼくはとても勇気づけられたのだった。

第2章

民主主義のアンチエイジング

小山花子

Anti-aging

格差社会の不感症

約一〇〇年前の盛り上がり

僕らの社会が若かった頃のことを、考えてみたい。

時計の針を戻して、一〇〇年前の姿を思い浮かべてみる。

およそ一〇〇年前には、民主主義と自由の世界的な盛り上がりがあったといわれる。ウッドロー・ウィルソン大統領を覚えているだろうか？ ウィルソンの一四カ条（一九一八年）は民族の解放と独立を高らかに謳い、世界的な規模での「民主化」を訴えた。「開かれた形で到達した開かれた平和の盟約。その締結後は、いかなる種類の秘密の国際的合意もあってはならず、外交は常に率直に国民の目の届くところで進められるものとする」（第一条）。「植民地に関するすべての請求の、自由で柔軟、かつ絶対的に公平な調整。その際には、主権に関するそうしたすべての問題の決着に当たっては、当事者である住民の利害が、法的権利の決定を待つ政府の正当な請求と同等の重みを持たされなければならないという原則に基づくものとする」（第五条）。自由貿易、開かれた協定、民主主義、そして民族自決。これらはアメリカでは「進歩主義」としても知られた。

「二〇世紀の人は、希望にあふれた人。彼は世界を愛し、世界は彼を愛するだろう」。そんな楽観論が発せられた頃でもあった。

その後の二〇世紀の軌跡は、民主主義の劇的な転落の記録であって、ファシズムや軍国主義の台頭により一九四一年には地球上の民主主義国の数はわずか十数か国となった。

しかし戦後の大規模な経済援助を含めた「民主化」で、こうした国にも民主主義が復活した。

今日、約三〇億人の人びとが民主主義の国で暮らしているといわれる。

僕らの二一世紀を特徴づけるのは、歴史上未曽有の物質的繁栄だ。

人類史上初めて、貧しい人びとが平均して豊かな人びとよりも太っている時代が訪れたといわれる。

貧困の克服に関して、過去数十年間で目覚ましい進展があった。かつて南北問題とは、一部の豊かな世界と多くの貧しい世界との差を意味した。少数の豊かな世界と、多数の貧しい世界との間のギャップをどうするかということが問題であった。数十年後のいま、世界人口の約八〇％にあたる五〇億人の大半は、急速に開発が進んでいる国に暮らしているといわれる。これらの五〇億人の人びとは、すでに繁栄しているか、あるいは繁栄の途上にある国々に住んでいる。巨大な飢餓人口が地球上から姿を消した。最貧困にあえぐ人びとの数は過去二〇年間で約半減。貧困の削減に関する国連のミレニアム開発目標（ＭＤＧｓ）は二〇一〇年、目標より五年前倒しで実現している。歓喜と祝福のムードである。「途上国」の概念も大きく変容した。いまの「途上国」の人びとの暮らしは、「あばら屋に住み、大家族で多子短命」といったステレオタイプでとらえられるものではない。メキシコや中国は、女性一人当たりの子どもの数や平均余命などの指標で、アメリカなどの「先進国」を猛烈な勢いで追い上げている。技術革新の成果が行き渡り、人びとの生活する仕方は変わった。ネットやスマホの普及で人びとはますます「つながれ」、冷蔵庫はますます「スマート」に（賢く）なっている。

古い時代への郷愁を感じる人がいるのは事実であろう。けれども大勢として見るなら、民主主義は

「危機」を乗り越えて、二一世紀という海原を力強く進んでいる――。

……そう言っていいのだろうか。

そうではあるまい。以下では、民主主義のエイジング（老化）について考えてみたいと思う。極端な格差や、極端に残酷な兵器。無視、開き直り、正当化、責任転嫁の態度。自由の時代にあって、社会や人を見る仕方が逆に硬直化しているように思える。変わらなければと言いつつも、結局のところ「無関心」というあり方に救済を見いだしているようなのだ。

エイジングする民主主義

南アフリカでアパルトヘイト（人種隔離政策）が終わり、黒人の人びとが初めて選挙権を手にしたときのこと。その瞬間は、歓喜そのものであったという。その立役者の一人であるツツ大司教は、まるで恋をしたかのように、わぁと叫んで、目がくらむような幸せをかみしめたと回想している。空も、いつもより青く、美しく見える。ある黒人女性は、投票所で何時間も待たされたことを、誇らしげに語る。投票所で何時間も待たされるなど、誇らしくも何ともなさそうなどと思ったら、考えが甘い。そうではないのだ。南アフリカの投票所で、ただ待つことは、ＡＫ－四七で武装した過激派が、列をつくって並んでいる人びとに襲いかからなかった喜びをかみしめることでもある。

自由のパラドックス――いったん自由が得られると、そのありがたみは忘れられてしまうということ――について、市民たちが活き活きとした証言を与える。この、甘い果汁のような感覚を、選挙権を持って生まれついた人に、どうやって説明できようか。それは「色盲の人に赤という色を説明するくらいに、難しい」。

周知のように、先進民主主義諸国では投票率は低下している。いま、選挙について右の女性のような思いを抱いている市民など、普通はないであろう。

そこで、いまが平和だから、豊かだから、政治には無関心になってしまうのだと言われたりする。フツーこんなときに、政治に関心を持つ人はあまりないよ、と。

ここに、着目すべき点がある。

いま平和だから、幸せだから、多くの人が政治に無関心だというのは、本当であろうか。僕らは、状況に正しく反応した結果として、政治に対して無関心であるのだろうか。言い換えれば、僕らは状況に対して正しく反応する能力を、まだ持っているのだろうか。

それとも、ある非合理と言っていいような態度、つまり「たくさんの問題があって、ゆえに、問題の解決には無関心です」ということを、合理的な態度と見なすようになっているのだろうか。

筆者は後者であると思う。今日、ある問題に対処しようとする僕らの試みは常に「脱線」し、本筋から逸れていく。考えよう、行動しようとしても、たどり着けず、滑り落ちて、否定しようとしていたその当のものを正当化していくようなところがある。このズレを、どう乗り越えられるか。ここから始めていく必要がありそうだ。

格差を直視するってどういうこと？

「格差」について、見てみたい。

ここ数十年で、豊かな人とそうでない人との間の経済的な格差が広がっているという。経済学者のポール・クルーグマンによると、この点で二〇〇〇年前後のアメリカと比較可能なのは、およそ一〇〇年前の「金ぴか時代」である。「金ぴか時代」とは、アメリカの資本主義が急速に発展、大富豪が出現して政治腐敗と拝金主義が横行した時代。二〇〇六年、アメリカのトップレベルのヘッジファンドマネージャーの報酬は、ニューヨーク市の学校教師のほぼ一万倍であり、アメリカで最も豊かな上位〇・〇一％《ポイント・オー・ワン・パーセンター》の人びとの個人資産は一兆円を超える。一九八〇年には国民の上位一％は国民所得の八％を占めていたが、三〇年後、上位一％が占めるのは国民所得の二〇％を超えている。下位五〇％は一九八〇年には国民所得の一八％を占めていたが、二〇一〇年では一二～一三％である。

日本でも「格差」は「ニュース」として報じられ、いまでも話題のなかにある。若者が追いつめられる。子どもの貧困が深刻化する。収入格差が教育格差を招き、親の階級が子に引き継がれる。あるいは、中間層が没落あるいは不安定化し、民主主義の土台が脅かされる、等々。

一方、世界に目を転じれば、二一世紀のいまでもとても悲惨な生活を送っている人びとがいることも、僕らは「知って」はいる。飢餓、難民、エイズ、子ども兵士……。数十年間の発展から取り残された約一〇億人の人びとが、アフリカ大陸を中心に存在することを僕らは「つかんで」いる。こうしたグローバルな「格差」への対処も、もちろん「課題」であるといわれる。サハラ砂漠以南のアフリカ諸国の一人あたりGDPは、OECDのそれの一〇分の一以下。豊かな一％の人びとが貧しい五七％もの人びとと同じ所得を得ており、豊かな一〇％の人びとと貧しい一〇％の人びととの所得の格差は、一九九七年で一二七対一にもなる。世界で最も豊かな三人の人が、六億人の人口を抱える開発の遅れた四八か国のGNPをすべて合わせたよりも多くの資産を保有する。

そして世界の上位二〇％というふうにすると、豊かな国々の市民の大半（一〇人中九人）――本書の読者の多くがここにいるだろう――がそこに入ってくる。これらの人びとは平均して、豊かでない二〇％の人びとの七四倍の収入を得ている（一九九七年）。この二〇％で、全世界の所得の七五％にもなってしまう。その差は将来もっと大きくなるだろうといわれている。

さて、ここからが問題である。

差が存在するということは、まずはうなづける。「衝撃的」な（格）差だ、と言ってみたりもする。「なんとしても食い止めねばならない」とすら言ってみたりする。しかしそのために、多くの人が一気に動き始めるでも、社会がひっくり返るでもない。「政治不信」や「無関心」がトレンドである。

主として日本やアメリカなどの先進民主主義国の状況に限定して考えてみよう。どうして格差が「問題」なのか。このことへの一貫して強力な反論を保持する試みは、不思議なループのなかに入り込んでしまうように、筆者は思っている。格差が是正すべき何かであるからこそ語り始めている（はず）というのに、「格差は正しい」という方向性にズレていったりもする。「格差が悪い」から出発して、「格差は悪くない」「よい格差もある」と、流れていく。

軸が定まらない。根本的にズレているのである。

たとえば「格差」に対する反応としてよくあるのが、道義的次元の議論（とまで言ってよいかはわからない、いわゆる人生訓・処世術的なもの）へのすり替えである。「この人（金持ち）はいい人かどうか」「（貧しい人は）自助努力をしているのか」。そして現実逃避。「貧困なんて気持ちの問題だ」。さらに、正当化。「なんだかんだといっても、よい世の中になったものだ」。

貧困を語れ――貧困感ではなく

この種のすり替えや「脱線」の事例には事欠かない。

BS放送の無料チャンネルDlifeで、「寄付する資産家たち」という番組があった。Dlifeの公式ウェブサイトによると、番組では、資産家が自身の素性を隠して、貧困地域に一週間滞在するという。貧しい人びとと接触し、最終日、自らふさわしいと思う人物に大金を寄付する「社会派リアリティ番組」である。「厳しい現実を目の当たりにして愕然とする億万長者。一方、逆境にあっても互いに助け合い懸命に生きようとする人びと。そこに描かれるのは貧富の別なく人間性そのもの。貧困という社会問題に迫る、シナリオなしのヒューマンドラマ」。

たしかに、番組では物腰の柔らかな、感じのい～い「資産家」が現れる。しかし、貧しい人を助けるという想像力が個人の道徳性にすり替えられているところに、思考の脱線がある。「社会派」と言いつつ、この種の問題を正義の問題としてではなく、とても限定的な意味における「道徳」という次元で片づけている。

こうすると、もし貧しい人が自助努力を怠っているとか、十分に感謝の態度を示していないとかいうことになれば、格差は正当化されることにもなろう。

さらに一般の人びとに対してどこからともなくやってくる、ある声。それによると、僕らは貧困感や不安感に立ち向かい、「辛い」という気持ちと戦うべきだという。豊かさは「気持ちの持ちよう」であり、意志の力で解消できるはず。実は、こういう声こそが無形の圧力として、生活者としての僕ら一人ひとりに突き刺さってくる。格差なんてまっぴらだ、政治や社会の力でなんとかしてほしいと願いつつ、こういう精神論が幅をきかせている。○○感という言い方は僕らの心に寄り添ったような優しい響きを持つが、注意が必要である。思うに貧困感ではなく貧困について語るべきではないのか。剥奪感ではなく剥奪を、不安感ではなく不安を、問題にすべきではないのか。

実際に飢えている人に対して、飢えとは「気持ちの持ちよう」であり「意志の力」で乗り越えられると言って、「満腹への意志」を勧めたらどうだろう。そんなブラック・ジョークを、ジョークではなく真顔で言っている人たちの顔が、現に思い浮かんでしまう。

ああ二一世紀とは、いったいどういう世紀なのであろう。子どもの頃ＳＦ作品などを通じて空想したような、快適で「進んだ」生活をみんなが送っている、そんな世紀というイメージとのギャップがあまりにも大きいではないか。

無関心は「黙殺」する

格差について、「格差が問題だ」という主張が、「貧困層のなかには問題がある人もいる」（つまり、扱うべき問題は別のところにある）とか「不平等のほうがいいこともある」（すなわち、格差は実は問題ではない）とかの方向にズレていくことを見た。

このズレあるいは「脱線」をその大元で支えているのが、無関心という心の持ちようであると筆者は見ている。何かがされることに対する不信や拒否としての無関心、あるいは信頼や希望を押し流す無関心。それは、僕らの「不感症」の現れでもある。

どういうことか。

先ほど、無関心が日本などの先進民主主義社会を覆っているという話をした。だが同時に、これらの社会はたくさんの問題を抱えてもおり、人びとはかつてない不安の下に暮らしているともいわれる。

こんな社会だというのに「無関心」でいられるというのは、矛盾していないだろうか。そんなに恐ろしければ、普通ではいられなくなるのではないのか。つまり（A）状況はそれほど恐ろしくないか、それとも（B）僕らは実は多大な関心を持っているか、そのどちらかではないのか。

ここで第三の可能性として、（C）僕らにとって、いま関心を持つこと自体がとても困難なことになったと、そう考えてみよう。

問題を知っているようでいて、本当のところは知らず（知りたくもない）、そして（それゆえに、つまり本当のところは何なのかを知らないがゆえに）不安なのであるが、だからといって、どうしようもなく不安というわけでもない。すべてが「とりあえず」のような。そして何もせず、結局何も起きなかったということにする。

ある人が○○について何かを知っているということは、おそらく間違いない。しかし、それに対して何かを企てることは全然問題にならないのが最初からわかっているから、その人はそれを理解しない。つまり、何も知らないように生活していた――。

つまり無関心というのは、注意を要する言葉だということだ。単に知らない、聞いたことがないというのとは、訳が違う。汚職だって、格差だって、原発だって、普通の人なら少なくとも一度は聞いたことがあるのではなかろうか。つまり、経験的なレベルでまったく何も知らないということではない。無関心《アパシー》とはもともと、対象に対して何らかの強い欲求を持ちながらも、その欲求が満たされないため、対象に対する関心を失うことで精神を安定させようとする心理的メカニズムと関連づけられる。そこには知覚した事柄と、帰結した心理状態の間に断絶やズレがあり、政治におけるこのズレの発露が、無関心として民主主義を蝕んでいるのではないかということだ。

むしろ「黙殺」という日本語は、よく言ったものである。なんとも冷淡な響きの言葉ではあるが。黙して殺す。「無関心」とは平和ボケで何も考えていないというよりは、虚無主義《ニヒリズム》の一形態なのではあるまいか。そこまで大げさな話じゃない？　そうかもしれない。ならば、いまふと立ち止まって、「無関心」とは異なるあり方とはいかようなものか、気持ちを和らげて考えてみてほしいのだ。

不感症の時代

反核思想家・運動家として世界的に知られていたユダヤ人哲学者ギュンター・アンダース。アンダースの考える「アポカリプス（黙示録）的」な不感症とは、核兵器に対する現代人の「盲目」を指している。きわめて危険なもの、不安にさせるものがあるにもかかわらず、その問題の根をすり替えて、突つきやすいところだけを突ついて、安心している現代人のありように警鐘を鳴らしたものだ。たとえば、核兵器が「悪の手」に握られないように気をつけようという主張が、そうである。あたかも「悪の手」に握られさえしなければ安心であるかのような主張だ。アンダースの警告から半世紀以上経ったいま、同じようなことが未だに言われていることを思うと、暗たんたるものを感ずる。「核兵器が恐ろしく危険だ」から出発して、「核兵器を持っている国は、よい国か」「よい国が持っているなら安心で、悪い国が持っているなら不安だ」「あの（独裁者がいる）国は悪い国か、つまり、滅ぼすべき『悪』なのか」と、流れていく。核拡散は多くの場合、こうした次元で語られる。問題は、それがあることであり、誰が持っているかは決定的なことではないという主張こそが、ズレた主張と見られることもしばしばである。原子力発電所は、この問題からますます僕らの目を逸らし、僕らをいっそう不感症にするのに手を貸していると、アンダースは警告していた。

この例が示唆的なのは、ここで「何かを企てる」ということが鼻から度外視されているわけではないからだ。むしろ、いろいろなことが「企て」られてはいる。ただある種のこと、そう、おそらくはある種の根本的な「企て」こそが、ほぼ度外視されている。

ただ、ここで、だって仕方がないじゃないか、人は完全な生き物ではないのだから、といった教説に流されていかないように、格差を「感じる」ための三つの視点について述べてみたい。

第一に、暴力に関する理解の偏り。暴力を、直接的な物理的暴力と同一視し、他の暴力の形態を除外してしまう傾向。映画やゲームの影響力もあり、目を引くような劇的な暴力が、暴力の原型として、社会に定着してしまっている。こうした暴力が、犯罪として恐れられ、死刑への熱意をかきたてる一方で、貧困や格差という「暴力」の存在は、社会のむしろ「ノーマル」なあり方として位置づけられる。今日、その世界での死者の総計は、わずか三年間で、強制収容所の犠牲者を含めた第二次世界大戦中の全死者数を更新するともいわれるのに、である。日本のなかでも思うが、概して貧困による死は、物理的暴力による死ほどに深刻視されないのではないか。たとえば、少年による犯罪が不安なので厳罰化を支持するという人は、いまの「格差」によって自分の命が奪われる（自殺に追い込まれるケースも含める）ことの深刻さはあまり考えていないようである。

　第二に、「悪」についての教育や啓蒙の立ち遅れも重大である。「悪い人が、悪いことをした」という「悪玉説」が未だに出回っている。悪を人と結びつける習性の残存であろう。人ではなく制度やルールに対して「悪」というラベルをつけるという想像力は、僕らのなかではよく言っても動き始めたばかり。ここに、思想家のハンナ・アーレントやアンダースのような人びとの闘いが位置づけられる。現代の「悪」は、そんな形では現れない。むしろ誰というわけでもない、一つの機構のようなものとして現れる。そう彼らは見た。多くの市民の無思考的な服従によって可能になった強制収容所の存在などが、そうである。こうした「悪」に対して、現代人はあまり用意がない。それを「悪」であると断定することもはばかられる。ブッシュ大統領のような人物は「サダムは悪である」といった発言によって、この分野での教訓の真逆を行っていたように思える。

　第三に、国際法の世界にある歪みも見逃せまい。今日、経済的・社会的な権利は市民的・政治的権利に比べて少なくとも同等の重要度を持っていると思われるが、実際にそうしたものとして認知されてきたかというと、そうとも言い切れない。第二次世界大戦後における国際的な人権保障の流れのなかで、経済的・社会的な権利が、市民的・政治的権利よりも低い優先順位にあるかのように見なされることがあったのは、よく指摘されるとおりである。すなわち世界人権宣言（一九四八年）後の主要な人権条約である国際人権規約（一九六六年）において、「自由権的基本権」および「政治に参加する権利」が、締約国が当然かつ即時に保障すべき権利と位置づけられたのに対し、「生存権ないし社会権的基本権」は、「国内事情」などに応じて漸進的に実現を図るべき権利という表現にとどめられた。その後、両者の相互依存性が強調され、発展の権利を含めた第三世代の人権として総合的に主張されるようになった後も、経済的・社会的な権利の重要性はかすむことがない。たとえば、世界的な穀物生産量は十分なのに飢餓が起こるというパラドクス、資源があるにもかかわらず発展できないという天然資源の罠、巨大な汚職が国の貴重な富をさらっていってしまう途上国型汚職。経済的・社会的な権利は、いったい何であるのか。一定に定められた所得や生活水準を保障される権利なのか、それとも公正な分け前に対する権利であるのか。とくに最後の問いは、先進国に住む者たちにとっても無関係ではないのだ。

アンチエイジングへの道

現代的無関心の根深さは国民性などで説明し尽くせるものではない。投票率の低さだけによって測られるものでもない。最近、韓国でも無関心が広がっているというニュースを見た。北朝鮮との統一問題ではなく、自分の「専攻」の勉強に集中したいと答える韓国人の大学生たちの姿に軽い衝撃を受けた。

結局のところ、豊かさが問題なのだろうか。いまが豊かなので、欠如の認識が困難なのだ、と。当たり前のように物が溢れ、基本的な欲望が満たされているから、僕らは、もはや何かが欠けているという認識を抱くことがなくなった、と。

この説は、しばしば唱えられるように思う。豊かさが無関心と結びつくということを否定するわけではないが、この議論は責任転嫁でもある。問題の原因を自分以外の何か・誰かに求めており、そこから自分たちのあり方を仕方のないものとして片づけている。

こうした主張から先に進むためにはどうしたらよいだろうか。

豊かだから無関心なのだという主張は、貧しければ関心を持つはずなのにという主張ともとりうる。すると僕らに必要なのは、貧困ということになる。政治への関心を高めるために、もっと貧困を!? とんでもないことである。そもそも寝るところも食べるものもない人が政治の問題について考えるのにふさわしい存在であるというのが変だということは、考えればわかりそうなものだ。豊かであるほうが少なくともじっくり学び考えるための環境は整っているということも。でも、これでは当たり前すぎるということか。あるいはテレビショッピングでやっているような、「おもしろいほどよく吸い取れる掃除機」とかのほうがワクワクするということなのか（本当にそうかどうかは知らないが）。この方向で議論が盛り上がることは少ないだろう。

他方で、無関心はよくないと言って非難するだけなのも、問題を見誤っている。僕らは日々さまざまな「企て」をしてはいる。情報オンチにならないよう、世間の動きに取り残されないよう、一応なりとも努力を払っている。だから、もうこれ以上はいいでしょ、そもそも変わらない政治に関心持って、いったい何様のつもり？ と逆ギレするかもしれない。そこまでいかなくとも、一方的な非難には反論したくなるものであり、社会的に浸透するとは考えづらい。無関心はカッコ悪いという誘導の仕方は、取っかかりとしての意義は否定するわけではないが、ミイラ取りがミイラになっているようで、つまり要は人に流され主体的に判断しないことが肝心だと説いてもいるようで、複雑な心境である。結局、無関心の理由を言い当てて威張っているのも、とんでもないことだと言って一方的に非難するのも、的外れに思える。

考慮するべきポイントは、僕らはいま欠如について知ってはいるということである。豊かな社会であるとはいうものの、欠如の感覚はむしろ溢れている。

「収入がまだちょっと足りない」「理想体重にまだ達していない」「老後の蓄えが不十分だ」「家のローンどうしよう」「将来が不安だ」。実に多くの欠如が知覚され、何かが欠けているというその感覚が溢れるあまり、一生で消費しきれないほどのモノやカネのなかで「まだ足りない」と答える多数の人びとがいる。

こうした欠如は、どのようなものとして知覚されているのだろう。「このダイエットをすれば『絶対』やせられる」「大企業に入れば安心」「老後に必要な貯蓄ラインは○○万円」「五分でわかる健康法」「人生で『絶対』成功するための○つのルール」。世間で耳にするコピーは欠如に対し、法則的な仕方で接している。僕らの時代の欠如は、ある法則的な確実さによって、ややもすると「おもしろいほど」簡単に埋められるべき何かとなった。

これは不感症のなかでも最悪のズレかもしれない。「平等の欠如」や「民主主義の欠如」などの深刻な欠如ではなく、ただインスタントに埋められる欠如にだけ反応する習性ができあがっているように思えるからだ。

今日僕らは、自動的に訪れるものにぞっこん惚れ込んでいる。ここに、抵抗の軸があろう。抽象的ではあるが、僕らが自動的に訪れるものではなく、自動的には訪れないものの訪れに惚れ込むことができるようになったとき、民主主義のアンチエイジングへの道が拓けてくるのではないかと思う。

行き場のないリアル

正義の味方はどこに

　格差を是正し平等に近づけていくためには、対抗言説が必要になってくるだろう。強力な平等への言説である。しかし目にとまるのは、格差に対抗する語りの奇妙な乏しさと、形式主義への堕落である。だからこそ多くの人は、いかがわしい「道徳」に走っていくのであろう。

　形式主義についてから話したい。日本の国会中継を見ていて思うのは、一番現実に関わること、生活の具体的な次元に関わることが表面をさらうだけの形式的なやりとりに終始することの不思議である。何の情熱も高揚もなく淡々と官僚の用意した原稿を棒読みできる政治家を見ていて、逆に、こちらの心が乱れてくる。なぜ形式主義になってしまうのか、と。

　政治家が金持ちだからであろうか。生活感がない安倍総理、水道水を飲まないという元大臣や、親から年に数百万円の仕送りをもらうことが「貧乏」を意味する元総理がいたからであろうか。

　アメリカの場合はどうだろう。現在アメリカには格差の是正を掲げる民主党系の政治家やリベラル派の知識人（以下「リベラル」という）が存在する。ただし、市場の働きに対して根本的に疑義を挟むことは御法度といった状況であろう。民主党のオバマ大統領も、飢餓を減らし繁栄をもたらす市場の「偉大なる力」に言及したりする。貧困の特効薬は経済成長、そのために必要なのは自由な市場というわけだ。

「建国の美徳」

　それでもオバマ大統領のような人たちが社会主義者として罵られたり、非アメリカ的であるとして糾弾されたりする一方で、格差批判にはアメリカの建国の伝統に依拠したリバタリアン*的なものも存在する。

　たとえばチャールズ・マレイは、格差社会の批判を福祉国家の否定と結びつけて論じるリバタリアンである。格差批判ではあるが福祉国家の肯定ではない。マレイにとって今日の格差はアメリカの道義的崩壊を伴っている。昔のアメリカ人だったら、ボーナスや退職金に何億ドルも受け取ることは破廉恥だと考え、アメリカ人の美徳と反すると結論づけたはずである。また、自力で稼がず政府の「世話になる」ことも。これを正すためには、彼が「建国の美徳」と呼ぶ勤勉、正直、結婚、信仰の復活が必要であるという。そこでは福祉は、乗り越えるべき障壁として位置づけられる。「多くのアメリカ人は、自分と家族のために十分な金額を稼いでおり、明日、福祉国家が解体されたとしても、やっていける」。そうマレイは書いている。

アメリカの格差主義

アメリカにおいて格差がもてはやされるようなところがあるのには、「建国の美徳」とともに「開拓者精神」も影響しているだろう。自力ですべてを築いた「セルフメイド・マン」の崇拝。実際は今日の大企業のCEOが「セルフメイド」による成功者であるというのはかなり疑わしいが、それでもマスメディアはCEOをアメリカ的な創意の体現者として褒め称えたりするし、またトランプ氏が「自前の金」で選挙活動を行っているのが立派でアメリカ人的だとして「トランプ旋風」に加わったりする。今日では減税や数兆円規模の公的資金投入によって、金持ちはセルフメイドというよりはレディメイド（既製）のほうがしっくりくるのだが。そう考えるのは私だけではない。

嫌われるリベラル

リベラルは右のような現状に対して、効果的な反撃を繰り出せないでいるように思える。リベラルの哲学の根幹にある政府の役割（再配分や福祉の担い手としての政府）への期待が、政治不信、議会政治の停滞などによって説得力を失っているように見える。

それだけではない。たとえば、こんな話をどう思うだろうか。アメリカには栄養失調の子どもたちを治療する、意識の高い医師や心理学者が存在する。貧困をなくすための食料切符、医療保険、住宅などを政府が供給することを、彼らは熱心に提唱している。そこで雇用主に手紙を書いたことがありますかと尋ねてみると、変な顔をするという。政府ではなく、その子たちの親が働いている会社に電話をかけるか手紙を書くかして、親の賃金を少なくとも栄養のある食品を子どもに買えるだけの額に上げてもらえるように、直接頼んでみたのかだって？　そんなことは考えたことすらないと言って面食らうのだが、ほどなくして、それは間違っているという反応が返ってくるという。賃金の決定に対して口を出したりすべきではない、と。賃金を決定するのは市場であり、市場こそが「最終審判者」なのだから、そんな頼みをするのはおかしい、と。法律違反でないかぎり、触れることのできない立入禁止の領域とするような文化が染みわたっているように思えると、あるジャーナリストは指摘していた。

そんな「柔《やわ》さ」ゆえか、隣で「(メキシコとの)国境に壁を建設しろ!」と叫ぶオジサンが出てくると、オッと注目をしてしまうのかもしれない。そんな注目も一過性のものであることがほとんどであるのだが。二〇一六年大統領選では「社会民主主義者」を自称するサンダースが若者を中心に熱狂的な支持を集め、アメリカでは異例とも言える左からの旋風を巻き起こしたことは記憶に新しい。

ただ、ブッシュとゴアとの間で行われた二〇〇〇年アメリカ大統領選で、リベラルなゴアがどこかエリート主義的で親しみづらいという印象を持たれてしまったように、リベラルが一般受けするには課題があるようだ。

疑いを持とう

まったくのセルフメイドということは、少なくとも今日、ありえない。B'zの稲葉さんがライブ中、突然の落雷にざわめくファンに向かって「俺が落としたんだ!」と叫ぶのはカッコいいが、それはあくまでパフォーマンスの話。地で行かれては困る。

自身のビジネスで成功したといっても、市場が機能するためには所有権をはじめとするさまざまな法制度が張りめぐらされ、自由な経済活動はそれらによって守られている。また企業の活動は環境に多大な影響を与え、将来世代の暮らしを変えてしまっている。だからこそ応分の負担や責任ということを考えなければならないのである。この認識から始める必要があろう。

＊ リバタリアン 「自由」の至上性を唱え、政府の干渉をできるかぎり排除した世界をめざす思想の一派。他人の自由を侵害しない範囲で個人の自由は最大限に尊重されるべきであるとする。

けこんで、「一％」や「〇・〇一％」の人が国の富の大半を独占することを正当化しようとする政治家のやり方を、映画監督マイケル・ムーアは痛烈に皮肉っている。「君も金持ちになれるかもしれない、だから金持ちを守る政党に投票しようよ」。

実際には、ほとんどの人は金持ちにはなれないのだ。そして「一％」や「〇・〇一％」の金持ちは、ますます世襲されるようになっている。いまアメリカン・ドリームを果たすためには（社会的流動性という意味で）、デンマークに行くのがおすすめとも言われるほどなのだ。それなのにメディアはサクセス・ストーリーを流し続け、人びとは朝から晩までそれを聞くことになる。

アンリアルな政治

映画『アバウト・シュミット』で、ジャック・ニコルソン演じる主人公は、やはりフォーチュン誌の表紙に載るような華麗な人生を夢見ていたが、実際には、

一％の罠

ダイアンはすごい？

「ダイアン」の愛称で呼ばれる、有名ブランドDVFの創立者にしてデザイナーのダイアン・フォン・ファステンバーグ。

夫とともに慈善活動も行う「超」大金持ちであるが、デザイナーとしての始まりはラップドレスであったといわれる。ジャージー素材で、幾何学柄のプリント、胸元はカシュクール調のドレスが世界で大ヒットした。安くはないが、もちろん日本でも売っている。「ジャージー素材のワンピースは存在したし、幾何学柄の服も存在した。でも、ジャージー素材で、かつ幾何学柄の服をつくろうとした人はいなかった」。それを彼女はやったという。そして大成功した。

そんな成功者に、あなたもなれるかもよ。そう言われたら心が動いてしまうのではないか。アメリカン・ドリームである。夢や希望を胸に抱くと、気分はあがってくる。ポジティブ・シンキングになる。そこにつ

片田舎の生命保険会社で凡庸な退職を迎える。引き継ぎをした社内の若者は、去っていく彼に対してそっけない態度。長い経験で蓄積したノウハウを若手に伝えるときがやってきたと息巻いていた彼にとっては、さびしいというか、肩すかしを食わされたというか。自身の一人娘とは前から疎遠で、そして他人のように思える妻とはまもなく死別してしまう。

でも行き場のない気持ちを、彼が「システム」に対する怒りに変換することはない。本来なら不満分子になるシュミットのような人を巻き込んで、むしろ味方につけておくことに今日の「システム」はある程度成功しているように見える。夢が打ち砕かれたと感じたとき、人は自分を責め、また運が悪かったとあきらめるのだ。

何が腹が立つかって、おとなしすぎるとか従順すぎるとかいうこととはちょっと違う。街頭に繰り出せということでもないし、まして革命を起こせなんて言わない。選挙という民主主義国で市民の意思を政治に反映させるために設けられた（そして多大なコストをかけて維持されている）仕組みにおいてすら、不満が政策へと正しく反映されているとは思えないことだ。むしろ実情とは反対の利害が市民の「意思」として構築され、政治権力に伝えられてしまっているのではないかと考える。

アメリカ人の四割弱が自分はトップ一%だと思っている？

多くのアメリカ人は、自身の階級的利害に即して投票をしていない。タイム誌の二〇〇〇年の調査では、アメリカ人の一九%は賃金労働者のトップ一%に入っていると考え、次の二〇%は将来そうなると思っているという。だから、アメリカの政治家が「一%」の富裕層からもっと税金を取ろうと言うと、実に三九%のアメリカ人はそれが自分の利益に反する政策であると判断してしまうことになる。なぜ富裕層寄りの政策をとる共和党がアメリカであれほどの支持を集めるのか不思議に見られることは多いが、原因の一端はこの辺にもあると言える。

こういう投票の仕方は人生を大切にするやり方なのだろうかと個人的に疑問を禁じえないこともある。自分はトップ一%だと思う、あるいは将来そうなると思うから、それを前提に投票をしようという。投げやりな感じがするのは私だけであろうか。賭け事のような感覚で自分の人生と政治とを見ているような。少なくとも「わたし」にとってよいことを追求しているだけで、それが社会全体にとってよいことかという視点は欠落しているように思う。つくづく思うのだが、失敗したって続くのが人生なのである。現状を見たうえでもっと的確な判断をするべきだというのは、いらぬお世話だろうか。

脅すことが道徳デスカ？

いらぬお世話。そう考えると、ただ、自分だけではないということが感じられて別の種類の怒りがふつふつと沸いてくる。アメリカで一九七〇年頃から勢力を伸ばし、現在の共和党を極右政党さながらにしてしまった「保守派ムーブメント」。彼らこそが真にお節介な人たちではあるまいか。個人の自立を謳いながら「道徳」を他人に押しつけ、人は政府の世話になるなと言いながら富裕層を守れと言う。そして妊娠中絶を行う医師の免許は剝奪すべき、結婚は異性の間に限るものとして個人の領域にドンドン入り込んでくる。

アメリカの場合は宗教も絡んでいるので日本と同じというワケにはいかないが、保守というところで共通するので、さらに言ってみたい。そもそも人を特定の何か（関係とか志向性とか）に縛って、それ以外を禁止するのって何なんだろうか。それって本当に「道徳」なんだろうか。人を脅して威圧して決めつけるのが「道徳」？　どうしても違和感がある。

私の考える道徳は、ソクラテスの対話にあるようにオープンエンドで、問いかけがどこまでも続いていくようなものだ。最近の日本の夫婦別姓に関する議論を聞いていても思うが、それを選択肢の一つとして認めることすらしないような人が「道徳」を語ってもよいのだろうか。そのような人から「道徳」を教わるというのは、どうもしっくりこない。

リアルな政治とは

ウォール・ストリートで展開された「オキュパイ運動*」では、多くの若者が「私たちは九九％である」と訴えた。〇〇をせよ、××をするな、ではなく（もちろんそれらもあったが）、「私たち」が「九九％」であるという現実認識が、いってみればそのままスローガンになった運動という点で、示唆的であったと思う。

これらの若者には、「一％」や「〇・〇一％」に君もなれるかもよというささやきはリアリティを持たなかったのだろう。（そもそも、誰かが一％になるか〇・〇一％になるかなんて気安く口にしてよい事柄ではないし、言った人は結果について責任を持たなければならないと思うのだが。）政治家は、この「事件」から教訓を得るべきである。甘いささやきがもはや通用しない人たちの増大、あるいは「九九％」が「九九％」であると「わかった」そのときに何が起きるのか？　私はそれを今日の民主主義の始まりと言ってみたいと思う。

＊　オキュパイ運動　二〇一一年からアメリカ、ニューヨーク市のウォール街周辺で公園などを占拠（オキュパイ）して行われた反格差の抗議デモ。人口の一％への富の集中を糾弾、若者を中心に「私たちは九九％である」と訴えた。

「自由からの逃走」再び？

そんなことがありうるか、ちょっと考えさせてほしい。

究極の選択

まず、少し怖いのだけれど次のような例から考えてみたい。死刑を欲しないある死刑囚がいる。この死刑囚は、死刑の執行にさいして絞首刑か電気イスかを自分で選べるという。このとき、この囚人には選択肢が与えられており、よって自由であると言えるだろうか。

普通の人なら違うと主張するだろう。なぜなら、この場合命という、この囚人にとってのかけがえのないものが失われてしまうからである。

今度は誰かがこの死刑囚を脱獄させてくれるというとき、脱獄後の移動手段が車になるか、それとも自転車になるかに、しつこくこだわる死刑囚がいるだろうか。あるいは死刑の中止に手を貸してくれる政治家が民主党系であるのか、それとも共産党系であるのかについて。「そんなのどっちだっていい、命を救ってく

選べることのありがたさ

選択肢がないということは従来、不自由と関連づけられ、否定的な評価を受けてきたと言ってよい。逆に言うと、僕らにとって最も価値あるものの一つとして「選択の自由」が存在した。今日のデザートはイチゴにするか、桃にするか、それともクリームつきのコーヒーゼリーにするか。気の向くままに好きなものを選ぶことができる。あるいは進む学校、進路、会社、職業を選べること。そのイメージは自由社会の根底にあって、個人というあり方を支えてきたとも言える。

しかし今日、他でもない「自由」を掲げる新自由主義の時代において、少なからぬ人びとがこうした「選ぶ自由」に幻滅しつつあると言ったら言いすぎだろうか。逆説的にも、選択することを負担に感じ、選択の不自由すら主張しつつあると。そしていま、むしろ選ぶ余地なく、必然として迫ってくるようなものに人びとは「自由」を見いだすようになっていると――。

れるなら車でも自転車でも、民主党系でも共産党系でも何でもかまわない」とは言わないだろうか。

選ぶことがすばらしいか否かは、時と場合によりけりということだ。とてもよいこととして感じられる場合もあるかもしれないけれど、そうでない場合だってありうる。右の例で言えば、死刑を控えた軍人が銃殺刑という選択肢を与えられることに価値を見いだすことだってあるかもしれない（命は失われてしまうが、この軍人にとっては「名誉」のほうが価値があったということだ）。あるいは本当に好きな人がいるというときに、その人と一緒になること、自分が本当につきたい職業を選べることが心底ありがたく感じられ、「ああ、自由な社会に生まれてよかった」という思いを抱かせることもあるかもしれない。

他方で、本命あるいは本心から選びたいという選択肢がないなかで、「選択の自由」を行使せざるをえないような場合もあるのだ。たとえば東電を信じるか、生業をあきらめるかという選択。福島原子力発電所の事故の後、相馬市の漁師たちが直面した選択だ。

選択肢があるだけでなく、その質が優れている（よい選択肢が与えられているか否か）だって大事。そう言わずにはいられないような事例だ。

現状が好き

いまの若い人の間でも、「選択の自由」への熱意はあまり見られない。少なくとも大学生と接していてそう感じる。かわりに見られるのは、より平均的で安全な何かに決めたい、決まりたいという願望だ。自分が何であるか、将来どうなるのかを、いまの時点で、あるいは人生のなるべく早い時期に「決めたい」「決まりたい」というものである。その後はあまり多くの選択肢が開けてこないような、そんな地点への軟着陸とでもいおうか。

デザートの例で考えてみよう。もし自分が根っからのイチゴ好きなら？　何をしてもイチゴ、何が起きても絶対にイチゴが好き。年をとっても、病気になっても、宇宙に行っても。そうだとしたら、桃やコーヒーゼリーは選べなくたってよい。イチゴが正しい選択ならば、他の選択について考慮することは時間の無駄なのだ。

大学生の考えていることはよくはわからないし、ちょっと話すと考えが変わってしまうこともあるので何とも言いがたいのだが、この手の考え方の欠点としてはまず、「それは無理」ということ。人生何が起こるかわからない。性格だって変わるし、好みも変わる。嫌いな食べ物が好きになったりもするし、好きだった趣味に飽きてしまうことだってある。

　だから、そうなったときにデザートを、いや仕事や生き方を、選択できるように道が開かれていることが大切ということなのだ。右のような場合に別の選択ができるということ、つまり自分がもはや欲しない事柄に一生縛られ続けることがないということは、「選択の自由」の一つのポイントであった。

「どれでも変わらない」は選挙でたくさん？

　では、なぜ「選択の自由」はもっと重んじられないのだろうか。どの選択肢も変わりばえしないから、選ぶことに意味がないのだと感じているとしたら、寂しいかぎりだ。それは社会が今日与えている選択肢の乏しさを反映しているとも考えられるからだ。

　たしかに格差社会、ブラック、生きづらさが流行語になるほど、学校、会社、家庭等の社会の基本的な単位が多くの人にとって息苦しいものになってしまった。「選択の自由」はありがたいものであるとしても、そのありがたみを現実に感じられることは少なくなってきているのかもしれない。

「労働が（人を）自由にする」はナチスの強制収容所に掲げられていた有名なスローガンである。労働の内容はもちろん現代とは異なるが、考え方としては似たようなものが周りで実際に発せられるようになっているようで、恐ろしく感じることがある。よそ見をせず、文句も言わずにコツコツ働くことが大事なのだと。

　人びとが自らの自由を投げすてることがあるという考えは、エーリッヒ・フロムの有名な『自由からの逃走』で示された。二〇世紀の自由の危機としてのナチズムの後に、今日、自由からの「第二の」逃走が始まっているのであろうか。そうならないために、若者に、そして社会を生きる人びとに与えられる選択肢は、なるべく多くの意味や可能性に溢れていなければならないと、筆者は考える。

「花子、電池切れ」の先へ

関心を持つにはどうしたらいいの？

いったい、どこから始めればよいのだろう。

ただ関心を持て、というのはあまりにも白々しいだろう。

なぜ無関心になってしまうのか、その原因を探り当てないかぎりは空回りしてしまいそうだ。

思うに、そうしないとまずいことになるから、というだけでは不十分なのかもしれない。関心を持たなければ、いつか世の中が「大変なこと」になって、人生が台無しになるから。その議論だけでは説得されないのではないか。

だって現実に、何も起きないかもしれないから。そう格差は進行し、民主主義は骨抜きにされるかもしれないが、時は過ぎ、世代は変わって何というか「耐えられ」てしまうかもしれない。少なくとも、いまはまだ大丈夫。そう反論されたら？

つなげる力としての判断力

どうするか？　判断する練習をすることから始めよう、と言ってみたい。

なんだ、つまらんおセッキョーかと思うかもしれないが、聞いてほしい。

いまの君たちは政治に対して「関係ない感」のようなものを感じている。自分とは関係のない、無益な何か。政治の出来事は、だから「彼ら」で語るのがふさわしい。つまり「彼ら」である「政治家」がこんなことをした、あんなことをした、というような。D・リースマンは、こうした人びとを新しいスタイルの無関心派と呼んだ。これに対して政治といわば「つながってる感」があったのが、「内部指向型」と呼ばれた古い世代だ。古い世代は政治に対する責任感を感じており、自分たちが政治に参加しなければならない、政治と自分とが何らかの形でつながっているという感覚を抱いている。才能とエネルギーには限界があろうが、政治は自分たちが指導するのだといった言い方をする。政治を語るときには「わたし」という一人称の代名詞を用いる。政治の問題は「わたし」の問題でもあり、よってそこでは罪の意識が抱かれたりもする。

判断をしてみてほしい。そして周りでそうしている人たちに注意を向けてほしい。

明治生まれの私の祖母は、このエッセイの題にもなっている「花子」という名前を考えた張本人であるが、いま考えると、よく判断をしていたように思う。政治だけではない。あの人はいいね、あのことは立派なことだね、あの学校はいい学校だね、など、祖母の前に座るといつでも寸評の類が絶えなかったと記憶している。なかには戸惑うものもあって、天皇陛下は立派だね、兵隊さんはお国のために働いているね、とかもよく言っていた。すでにもう体がよく動かなくなっているにもかかわらず、こうして世の中や社会の動きに積極的に「打って出て」いる姿は、団塊の世代に属する専業主婦の母の姿とは対照的で、子ども心に強い印象を与えたのであった。こうして私（孫）が政治の勉強を始めたことを考えると、政治に対する「影響力の行使」にもいろいろな形があるのではないかと思ったりもする。

判断しない判断なんてない

偶然にも祖母と同じ年生まれの政治思想家ハンナ・アーレントは、判断するという営みの衰退に警鐘を鳴らしていた。ナチス・ドイツ下でホロコーストを遂行したアドルフ・アイヒマンが判断を欠いていたという彼女の指摘は、そのことに関連している。権力への無思考的な服従と、判断の欠如とは、いわばセットになっていた。問題は、その後の世界でもそんな状況が続いているのではないかということ。個人として何か判断をするか異論を唱えたりするかしようものなら、「あなたにはそんなことを言う資格はない」「〇〇も知らないくせに偉そうなことを言うな」「実際に経験した人でなければ語れないはずだ」とかの非難を受けてしまうような状況がある。他方での、服従の美化。そこで逆説的にも、誰も判断すべきでないということこそが唯一の正しい判断ではないか、ということになってしまいがちだ。自分で判断するということに対して若い世代が消極的になってしまうのもうなづける。

やっぱりね、だからつまんないし、やめたほうがいいって言ったでショ、そもそもそんなことに誰も興味ないって。そうだろうか？　判断すること自体は、実はとても楽しいことなんじゃないだろうか。ある問題に関する判断を回避する一方で、鬱積したエネルギーが別の種の「判断」にはけ口を見いだしているのではないかと、ワイドショーから芸能ニュースから巷のコーヒーショップで耳にするエンドレスなゴシップまで、見聞きしていて感じる。実は「わたし」だって判断できる、判断したいと本当は思っているのではなかろうか。「何がそうあるべきで、何がそうあるべきでないか」をハッキリさせたいと思っているのではなかろうか。人や世界と自分とをつなげるそんな「力」を、判断力と呼ぶのではなかろうか。

女性専用車両はよい？　悪い？

授業で教室に入ると、何かが「絶対ヤバい」とかいった聞き慣れたものから「花子、電池切れ」などの意味不明なものまで、たくさんのよちよち歩きの「判断」が知覚される。やっぱり楽しいのか、大声でがなりたてている子もいる。そうとう興奮している。そこで何かの時事問題について問いかけると、これ以上ないというくらい静かになったりする。発言してみんなから変に思われたり、攻撃されたりすることを恐れているのかもしれない。

でも、筆者はそこまで悲観していない。やってみると怒濤のごとくに流れ出して、こちらが圧倒されてしまうくらいなのが、筆者が大学の授業で試みてきた判断力の「演習」だ。「演習」といっても数十名の学生がいたりする。大学のくくりでは「講義科目」であることも。「ええっ！　小山さん、講義でもあれやってんの？」と他の先生に聞かれることもあった。ええ、大講義ではさすがに難しいけれどやっています。

重要なのが、例の選び方だ。女性専用車両に関することなんて、盛り上がりすぎてこっちが当惑するくらい。司会として奮闘する。こっちを指し、あっちを聞き、そっちには尋ね……。みんな始めは言われたことについてだけ話しているが、そのうち「一人歩き」を始めて自分で別の例を見つけてくるから感心する。そういう場が、大学の外でも広がっていくといいのになあと思う。

Dialogue

アーレント（盛岡市）と一八歳の押し問答

＊以下は仮想対話です。
盛岡市郊外のとある大学。評判のアーレント先生（盛岡市）の研究室に、学生たちがやってくる。机の上にはコーヒーとタバコの箱が置いてある。

一八歳A　センセ、おはよ！
アーレント（盛岡市）……。
一八歳A　先生からもらった課題提出しにきたんですけど、わかんないとこあったから教えてもらおうと思って。
アーレント（盛岡市）　先生からもらった課題って……。出席足りないからって、研究室に居座って無理矢理、課題出させただけじゃない。
一八歳A　先生が言ってる、いまの社会は「動物」で「当然」だっていうの、意味がわからなかったんですけど。
アーレント（盛岡市）　そんなこと言ってない。
一八歳A　だって書いてあるし、ほら、「労働する動物」の勝利した現代社会で、必然が支配し……あ、「必然」か。
アーレント（盛岡市）　ええ……。代議制民主主義は矛盾を抱えていますね。
一八歳B　たしかに選挙って意味なーい。なんでやるのか、わかんない。
アーレント（盛岡市）　参政権も消極的自由の一種なのです。私生活への政治権力の介入を防ぐという自由主義的な思想によるもので、他の古典的自由権と同類です。
一八歳A　偉い人たちで勝手に決めればいいのに。
一八歳C　不感症だね。
一八歳B　何が。
一八歳C　自分には絶対関わりないって思ってるでしょ。

一八歳B　不感症って、そういう意味なの。
一八歳A　自分の身に降りかかってこないとわからない、みたいな？
一八歳B　戦争が？
一八歳C　そうじゃなくて。そういうことに反対とか言ってる人って、自分とは絶対違う世界の人だと思ってるでしょ。その人たちが、なぜそういう主張をするのかとか、全然考えたことないでしょう？
一八歳B　それで？
一八歳C　不感症。
一八歳A　ヤな感じ。
一八歳B　決めつけかよ。これだからリベラルは困る。
一八歳C　リベラルじゃない。
二八歳　アーレント先生てリベラルなの？
一八歳B　院生に質問された！
一八歳A　先生も違うと思うけど。
一八歳B　どっちにしても、政治家も適性検査とかで、決められないものかなあ。
一八歳C　っていうかさ、いまでもすでに「適性検査」的なもので決まってるんじゃないの？　家柄とか見た目とかさ、あらかじめ基準満たしたヤツがきてる。
一八歳B　世襲議員多いね。
一八歳C　政治家とか言いつつ、いまの政治家は、政治とは別の能力で判断されてるっていうかさ。
一八歳A　有権者も、政策で選んでない気がする。お互いさま。
一八歳C　いや、選択肢があれば、もっとちゃんと選ぶはず。
一八歳B　じゃあ、もっと選択肢を与えられれば、それでいいって？
一八歳C　そのとおり。
一八歳B　マニフェストとか出して、もっとたくさん政党とか立候補者とかが出れば、それでいいって？
一八歳C　まあ内容にもよるけど。
二八歳　アーレント先生によれば、政治は、「選択の自由」には回収されない、「何かを始める自由」のために存在するのだ。わからないヤツは、引っ込んでろっ。
一八歳C　院生、怖いなあ。

一八歳A　ヘイトしないで。
二八歳　「俺の街でテキトーなこと言うな」っていうカウンターの人いたね。
一八歳B　よくわかんないけど、自分は地域に誇りを持っているし、家族にも誇りを持っている。国に対しても誇りを持ちたいと思ってるし、そういう人や自分たち若者のことを考えてくれる政治家に投票したい。
一八歳A　私も地元愛かな。
アーレント（盛岡市）　いいことです、ありようによっては。
二八歳　本当ですか？
アーレント（盛岡市）　はい、ありようによっては。
二八歳　ありようということ。
アーレント（盛岡市）　祖国愛でも、○○愛は、多様性を包含できるかが鍵となってくる。この点で私がみなさんにいつも言っているのは、愛に訴えるのはミスリーディングだということ。愛は情熱的な一体化を求めるが、政治的な多様性を破壊してしまう危険がある。友情がふさわしい。
一八歳A　？　友情じゃもの足りない。やっぱり愛がいい。
一八歳B　地元の友情っていうと、中学校のヤツら（野球部）とか？
一八歳A　友だちはディスってくるのでイヤです。
二八歳　私は「入院」（大学院に入学）したので……。
アーレント（盛岡市）　変わった人たちですね。私が一八歳のときには、哲学研究に没頭していたものです。
一八歳A　すごーい。
一八歳C　有名な哲学者に師事していたんですよね。『五分でわかるアーレント先生』で読みました。
アーレント（盛岡市）　そ？
一八歳C　それにユダヤ人として差別され、苦労したって。
アーレント（盛岡市）　そして、政治に目覚めたのです。いえ正確には、複数性という点から、西欧の政治思想史を見直すようになりました。
一八歳A　政治思想史って、いまはじめて聞きましたけど、どんな研究なんですか？
アーレント（盛岡市）　……あなた、本当に授業出てたの？

一八歳A　はいっ！　アーレント先生の授業はすごい人気だったから、空いてる席がなくて、教室出てきました！

アーレント（盛岡市）　席ないって。あなた、友だちいなかったら席ないって思ってるでしょ。

一八歳C　なんで盛岡市へ？

アーレント（盛岡市）　日本社会を変えるためです。

一八歳A　あははッ！

アーレント（盛岡市）　……本気で言ったんですけど。

一八歳B　いいっすよ。今度一緒に飯でも行きましょうよ。ワンコインで、おいしい店あるんで。

アーレント（盛岡市）　ぜひ。

一八歳B　七〇〇円です。

アーレント（盛岡市）　何が。

一八歳B　ワンコインの店。一品七〇〇円なんです。

アーレント（盛岡市）　さっき、ワンコインって言ったけど。

一八歳B　七〇〇円でワンコインです。

アーレント（盛岡市）　……それ、まずいと思いませんか。

一八歳A　うぇー、アーレント先生、やっぱキビシイ。

アーレント（盛岡市）　ワンコインて、五〇〇円でしょう？

一八歳B　すみません！　いいっすよ、先生の分は俺らでなんとかしますから。Aがバイトで稼いでる。

アーレント（盛岡市）　そういうことじゃなくてね。

一八歳A　ここいらでは、七〇〇円はワンコインなのです……。

アーレント（盛岡市）「すべては可能だ……」。

一八歳B　で、タバコはどうします？

アーレント（盛岡市）　これは、藪から棒ですね。

一八歳C　壁から釘です。

二八歳　壁からアスベスト。

アーレント（盛岡市）　そんなこと言ってない。

一八歳B　そのワンコインの店、禁煙だったんで。

アーレント（盛岡市）　その店のことワンコインって言うの、やめてもらえない？

二八歳　最近見つけたハラルの店もありますよ。ワンコインがお嫌なら、ぜひ。

アーレント（盛岡市）　嫌とかじゃなくてね。

一八歳A　それで思い出した。私、難民の受け入れには、反対。外国人は日本の文化知らないから。

一八歳B　うんうん！　やっぱ、日本人っていい。

一八歳A　外国の民族紛争とかは、やっぱり、価値観の違う人たちと関わりを持とうとするから発生してしまうんだと思う。他の文化の人たちとの交流は最低限にして、なるべく自分たちだけで生きていけば、紛争なんかなくなる。

二八歳　非現実的なこと言ってるなあ。

一八歳A　だってアーレント先生も、国家は拡大された家族って言ってた。やっぱそうなんですよねぇ、先生？

二八歳　それは「社会的領域」の話。国民国家がそういう原理に立脚しているってことを批判したものだよ。紛争や戦争の要因にもなってるって。アーレント先生が考える「政治」のある国家とは違うよ。

一八歳A　どう違うの。

二八歳　いろんな人がいる。いろんな人が、その存在を許される。

一八歳A　それが現実的って？

一八歳B　まあまあ。

一八歳C　でも、アーレント先生が言っている複数性というのは、重要な気がする。単一性ではなく、複数性こそに政治の真価があるんだって。そして人権の原理だけじゃ、何か足りないんだって。

一八歳A　でも、その複数性というのを実現するのは、難しそうだなあ。がんばります！

一八歳B　自分も、アーレント先生好きだから、がんばります！

アーレント（盛岡市）　それじゃダメでしょ。レポートの結論にがんばるって書いたら減点するって、言ったじゃない。

一八歳A　レポートじゃないし。

一八歳B　じゃ、どうしたらいいっすか。

アーレント（盛岡市）　学生評議会を組織してください。誰から選ばれたのでもなく、自らを選んだ、そうした学生によってなる、真に自由な評議会を。

一八歳A　わかりました！　代表届にハンコもらえませんか？

アーレント（盛岡市）　代表届？　そんなものはいりません。自分たちで組織しなさい。

一八歳A　上に出さないといけないと思うんで、アーレント先生のハンコ欲しいんですけど。

アーレント（盛岡市）　必要ないです。

一八歳A　本当に？

アーレント（盛岡市）　はい、必要ない。

一八歳A　でもやっぱ、そうしたいんですけど。

アーレント（盛岡市）　評議会では、権威は水平的に発生するのです。いちいちお伺いを立てなくてよろしい。

一八歳A　えぇ、でもそうすると、みんな無責任になりそうだし。ズルする子とか絶対出てくる。アーレント先生の鋭い監視の目があれば、安心。

アーレント（盛岡市）　ないってば。

二八歳　とりあえず、ネットだけで立ち上げてみる？

一八歳B　そっか。じゃあ、さっきいたヤツらにも報告しにいきます。アーレント先生にそう言われたって。先生のゼミ入りたいって言ってたんで。早速これから行ってきます。それじゃ！

＊　ハンナ・アーレントは、二〇世紀を代表する政治思想家の一人。最近では、その生涯が映画にもなっている。代表作に『全体主義の起原』『人間の条件』など。

第 3 章

生活世界のアクチュアリティ

和田 悠

Actuality

乳児からの子育ては男を自由にする

イケてなかった大学時代

ゼミ生に限ってだが、就職活動のエントリーシート（ES）を添削している。ESには、大学時代に何をやってきたのか、自覚している自らの性格（長所・短所）を記入する欄がある。下書きを見せてもらうと、その学生の持ち味がちっとも伝わってこない場合が大半だ。私の知っているゼミ生の姿は、そこにはない。企業で働いた経験がなくとも、このESでは不採用になることくらいすぐにわかる。

ESを前にして、学生といろいろ話をする。家族のこと、サークルのこと、ゼミで取り組んだ学びの内容のこと。そうした話し合いのなかで、私は決まって、「そう、それを書くんだよ。それを書かないでどうするよ」というセリフを何度も吐くことになる。他者と対話するなかで、自分が何をやってきたのか、自分にはどういう魅力があるのかを学生はつかみ直していく。

ひるがえって、私が大学生のときはどうだったのか。

ゼミの同期から、「ほら、また先生の話を途中でさえぎって自分のことを話している。あなたは、本当に人の話を最後まで聴かない人ね！」と、もう我慢がならないという感じで叱責されたことがあった。そのときは、人の話をさえぎっている感覚さえもなかった。

いまにして思うと、自分に有利な状況をつくって、自分の意思を通すことばかり考えていた。決定的にやさしくなかった。自分の前に対等な立場で現れる他者に対して、心と身体は開かれないまま。さまざまな立場や事情に配慮しながら、人と人とが話し合うなかで合意を形成していく、という民主主義のセンスがなかった。

大学を中退することはなかったから、物理的に引きこもっていたわけではない。だが、平場での人間的な関係を持つことができなかったから、社会的には引きこもっていたということになるのだろう。友だちがいないということは、自分にとっての「他者」がいないということだ。自分とはどういう人間なのかは、自分ひとりで考えていてもよくわからない。自分にとって都合のいい自分を「本当の自分」であると思い込むことだってある。大学生時分の私は、自分がどういう人間なのかさっぱりわからず、社会にどう参加したらいいのか、その方途も見えず、さすらっていた。

なぜ、このようなパーソナリティを持つに至ったのか。おそらく「受験体制」にどっぷりつかっていたということが大きい。

私は中学受験のため、小学校の中学年から進学塾に通っていた。学校や人間の値打ちを偏差値や学校歴で判断し、序列化するような世界観に早いうちからなじむことで、学歴の低い人や勉強ができない人を軽視するような、人間に対する基本的な姿勢をつくってしまった。その結果、他者に評価のまなざしを向けることなく、他者とともにあることで、ある気づきを促されるという経験を持つことができなかった。

また、「次の問題を解きなさい」というテスト形式に早くから慣れてしまった。解くに値する問題を自らの力で発見し、つくりあげ、提起するような、学びの主体性や創造性を発揮する経験に乏しかった。入試問題の設問形式は、語句の穴埋め、正誤判定、選択肢から選ぶというふうに限られている。こうなると、十分に物事を理解できていなくても、「正解」を選ぶことができさえすればよくなる。自分が理解できない問題や状況に対して、簡単にあきらめずに、わかるまで粘り強く向き合おうという誠実さを身につけることも難しくなる。

そして何よりも、受験勉強や偏差値の高い大学への進学にもっぱら価値を見出すということは、進学や受験に結びつくことのない自由な時間や経験を嫌悪することにつながっていく。いまにして、どれほどそれが大事だったのか！と頭を抱えてしまうのだが、進学や受験を気にかけず、こころゆくまで仲間とともに何かを成し遂げる、徹底的に交わるという「遊び」の経験は見事に欠落していた。

こうしたことも手伝って、私は人間関係において「ケチ」だった。義理人情に欠いていた。自分のことは脇に置いておいて、何かの見返りを求めるのではなく、相手の求めに応じて力を出し惜しみすることなくやれることをやる、つまりは人に「つくす」ということができなかった。それでは損をしてしまうと感じていた。当然、そこに生まれるはずの友情や親密さといった感情をたぐり寄せることができなかった。なんとも自分勝手な、冷たい人間だったのだが、受験と進学のためにそういう人間であるのは仕方がないことだと思い込んでいた。ひとりっ子であることが、こうした傾向に拍車をかけたのかもしれない。

柔道に例えるならば、受験と進学の価値にとらわれていたかつての私は、相手をところかまわず投げ倒すような生き方をしていた。

だが、そもそも柔道は護身術であり、投げられたときにいかにうまく「受け身」をとれるかが柔道の肝なのだという。「受け身」が柔道の基本であり、柔道が強い人ほど「受け身」が上手い。「受け身」ができないのは素人であり、怪我をしてしまう。私の場合はといえば、「社会的引きこもり」という大怪我をしたのであった。

男は「弱く」てナンボだ

現在となっては、子育てを抜きに、私の人生は考えられない。私にとって子育てとは、自分のなかに失われた人間と社会を回復する旅のようなものであり、いまもその旅の途中である。これから私がこの場で書くことは、旅のなかで見えてきた情景であり、自己と社会の結びつきの問題だと言い換えられる。

縁あってなんとか結婚することができた私は、「共働き」で二人の男の子を0歳児から保育園にあずけて働いてきた。長男が生まれたときは三つの大学で非常勤講師をしていた。主な稼ぎ手は連れ合いのほうで、妻の扶養家族に入っていた。妻は団体職員で正規雇用。朝早く家を出て、夕飯時に帰ってくる。私はといえば、週に数時間の授業負担があるだけ。専任教員ではなかったので、学生が長期の休みになると授業はなくなってしまう。

お産にもお金がかかる。産休・育休中の給与は出ない。給与の代わりに手当金が支給されるが、その額は通常の給与の六割程度。育休の手当は毎月ではなく、最初の手当がもらえるのは育休に入ってから三か月後、その後は二か月ごとだ。なんやかんやいって、一刻でも早く連れ合いに職場復帰してもらわないと家計がまわらない。0歳児から子どもを保育園にあずけたのは経済的な理由が大きかった。乳児からの集団保育に積極的な価値があることを知るのは、保育園に子どもが通うようになってからである。

時間的余裕があったので、保育園の送り迎えも基本的に私の仕事。朝ごはん、夕ごはんの支度も、もちろん私。これはいまでも変わっていない。離乳食ももちろんつくった。妻が残業で遅く帰ることもあるから、降園後の夜の時間を0歳児とともに過ごすことは当たり前にあった。

専任教員になれる見込みも自信もなかったから「子育て業」に居場所を見出そうとしたのかもしれないと、いまでは思う。しかし他方で、「子育て業」は想像以上に面白かった。私にとって子育ては、より正確に言えば乳児から子どもを育てることは、決定的に「受け身」であることを強いられる、これまでにない異質な経験であった。そして、その経験によって人間として癒され、成熟することにもなった。最近、ある男性アイドル芸能人が離婚し、子育てに参加せず妻に迷惑をかけた、未熟で幼稚だったと反省していると述べる姿をテレビで見たが、さもありなんと思った。

乳児は親（保護者）に依存しないでは生存できない。親が見捨ててしまえば生きていくことができない。見方を変えれば、親は乳児に「拘束」されていると言うこともできる。

乳児の行動というものは予測のつかないことが多い。当たり前だが、乳児は自分の行為を自分の言葉で説明することがない。全身運動も兼ねて、よく泣く。乳児が泣いていれば、何で泣いているのか親は考えなくてはならない。おしっこをして不快で泣いているのかと思い、オムツを外してみると濡れていない。抱っこをしてみる。外気にあててみる。それでも泣きやまない。いろいろと試行錯誤していると、ぴたりと泣きやむことがある。そこで、ああ水分が欲しかったのか、湿気が多くて不快だったのかとわかる。赤ちゃんのニーズを試行錯誤しながら見つけ、それを充足できたことに私は満足をおぼえる。

こうした場面は外から見ると、乳児に親が振り回されているように見えるだろう。たしかに、こうして振り回されることに時にはイライラさせられる。

だが、わが子はなんといってもかわいい。要求を満たしてくれてありがとうと言わんばかりの乳児の笑顔を見れば、何も言えなくなる。たとえば、赤ちゃんのお腹がすいている場合。哺乳瓶でミルクを与えるさいに、温度によってその飲み具合は変わってくるから適温でつくることが大事になってくる。そして、乳児がミルクを欲しているときには、それは美味しそうにごくごくと飲む。満たされたときの笑顔といったら、たまらない。これが母親の授乳の喜びなのか——抱っこをして乳児に哺乳瓶をあてながら考えたりもした。

この子のためならば、自分のいのちさえも惜しくない。自分のいのちよりも大事にしたいいのちがある。こうした感覚が自分のなかに生起したのも新鮮な驚きだった。

非常勤講師で人生の見通しがきかず、自信もなかった私にとって、乳児の子育ては、この自分が絶対的に必要とされているという感覚を与えてくれるものであった。自分が生きることの根拠にもなっていた。先にも述べたが、それは乳児に拘束された生き方だとも言えなくもないが、そこから私は生きる気力や必要性というものを受け取った。前向きに生きていく強さを与えてもらった。こうした経験から、子育てには「弱き」存在から「強さ」を与えられるという逆説があるのではないかと考えるようになった。よく母親になると強くなるということがいわれる。だが、やりようによっては、父親もまた子育てによって強くなるのだと思う。父は強しである。

しかし、この社会を見渡せば、、まだまだ男性優位だ。男であることは、人間に対して、女性に対して、命令したり、管理したり、支配するといった役割や位置に自ずから置かれる。男性が往々にして自己中心的であるのは、こうした立ち位置によるところが大きいのだろう。社会的諸関係によって男として、女としての社会的な性格はつくられるのである。

そうであるからこそ、私個人の問題ではなく、男性にとって「受け身」という経験は新鮮なものになるはずだ。そして、男性にとって乳児からの育児参加は、赤ちゃんはいま何が必要なのかを試行錯誤しながら探りあてて、「つくす」という対象優位の経験（快楽）を含んでおり、自らの男性性＝自己中心性を解体していく作業として大事なのではないか。
男性性＝自己中心性を端的に象徴するのが、セックスだ。

人間にとってセックスは単なる生殖行為ではない。セックスは文化的・社会的な行為であり、セックスの仕方もまた、私たちはおそらく見よう見まねでいろいろな機会をとらえて学習している。

性もまた人権であるという思想が希薄な、男性優位のこの社会では、セックスの仕方も自然にまかせていれば、どこかで女性を支配するようなセックスになってしまう。女性の側からすれば、セックスの場面場面で自分が男性の性的欲求のはけ口や道具のように感じられる瞬間があるのではないか。

あるいはまた、男性は女性をいかにイカせるかということに心血を注ぐようになる。そこには、快楽による女性（対象）の支配という欲望が渦巻いている。逆に、彼女を気持ちよくさせることができるかどうかが男性にとってのプレッシャーになることもある。

だが、セックスというものは、それこそ文字どおり裸の（無防備な）個人と個人とが対等・平等な関係で、深いところでコミュニケーションすることなのではないだろうか。主体（支配）と客体（服従）がはっきりと分けられるのではなく、お互いに触れ合い、いたわりながら対話的に楽しむ、それは親密な間柄にだけ許された「社交」であると言い換えられる。そこでは男性もまた「受け身」になり、女性に気持ちよくしてもらうことを恥ずかしがらないという感覚も必要になってくるのではないだろうか。

セックスの行為は実に育児の身振りに通じている。これは、乳児の子育てをしていて気づいたことの一つだ。乳房をふくむという行為が赤ちゃんの哺乳のシーンに似ているという外形的なこともそうだが、それ以上に、安心・安全の状態で抱く／抱かれるという関係性がそこに展開されているという本質において通じているように思われた。「受け身」であるという脱力、受けとめられるということの安心。こうした経験は、男性が内面化している支配的・攻撃的な身振りを問い直す可能性を持っている。

子育ての経験は、私のセックスに対する感じ方、考え方を深いところで変えていったのは間違いない。

男の育児参加は妻のお手伝いではない

もっとも、最近の男性は以前に比べれば子育てへ積極的に参加したいと思っているようだ。だが、そのときに乳児からの育児参加を頭に思い浮かべているかといえば、そうではないのではないか。

私の経験から言えることは、子育てに関わる時間が十分に保障されているのであれば、出産後は母乳を与える以外に、子育てで父親にできないことはないということだ。乳児のときは父親が育児に関してやれることは少ないというのは思い込みだ。偏見だ。しかし、それは根強く残ってもいる。

「イクメン」という言葉は二〇〇六年に登場した。二〇一〇年に、厚生労働省は「イクメンプロジェクト」を立ち上げる。「イクメン」とは「子育てを楽しみ、自分自身も成長する男のこと」をいうらしいが、本音はどこか別のところにあるように思える。

国が呼びかける男性の育児参加。それが少子化対策の一環として打ち出されてきたことに注意しておこう。現段階の国家戦略として女性労働力の活用は欠かすことができない。男親の育児参加は、女性が結婚・出産後も働き続けることができるために要請されている。こうした経済成長の論理が、国による男性の育児参加論には伏在している。

女性を働かせるための男性の育児参加。ここには、既存の社会のあり方や男性の生き方を問い直す契機は見えにくい。むしろ既存の社会のやり方を大きく変えずに、よりうまく、効率的に社会を回していくということが課題となっている。

厚生労働省は、働く男性が育児休業を取得することができるよう社会の機運を高めるという。だが、自然にまかせたままでは、男は仕事、女は家事という根本的な性別役割分業体制はなかなか揺るがない。国家が政治的な意思をもってジェンダー平等を実現する政策を展開していくしかない。それは諸外国を見ていてもそうだ。社会の機運にまかせるという国の言い方は、単なる言い逃れでしかなく、ジェンダー平等の政治的判断を回避するということにほかならない。

こうしたなかで、男性の育児参加は「妻の手伝い」という程度で許されるものになってしまう。男の側には、どこかで「やってあげている」「やらされている」という意識が出てきてしまう。周囲の夫に比べれば自分はよくやっているほうだという、手伝いの程度を問題にする発想と論理が呼び込まれてしまう。これでは育児の主役は、なんやかんやいっても母親だ、という社会通念から自由になれてない。

父親の育児参加に関する世論調査を見ても、「父親も母親と育児を分担して、積極的に参加すべき」という意見と「父親は許す範囲内で、育児をすればよい」との意見があり、近年は前者のほうが優勢になりつつあるものの、拮抗しているのが現状だ。

ここで急いで付け加えておきたいことは、私の場合にはとても恵まれていたということ。連れ合いが正規雇用でとりあえず食べるに困らなかったし、自身は非常勤講師であったために、乳児の子育てに向き合う時間や余裕があった。

こうした立場を経験した者からすると、厚生労働省の男性の育児参加の推奨は大企業や公務員などの正規雇用の男性社員が念頭に置かれており、男性による育児休業制度の活用というスマートな結論が「正解」としてすでに用意されているというのが気になって仕方がない。労働政策における新自由主義的展開によって、非正規雇用の男性労働者やワーキングプアも増えている。そうしたなかで、社会全体であらゆる男性の育児参加の自由と時間を保障することが国の課題にならなければならないのではないか。男性の育児参加を本気で社会が追求するのであれば、「脱貧困」や雇用の安定という課題も当然、視野に入ってくるはずだ。

子育て共同の経験から政治の面白さに気づく

もうひとつ、男性の育児参加ということで問題にしたいことがある。それは参加の範囲の問題だ。男性の育児参加の問題を企業の育児休業制度に代表させて議論することが、子育てにおける社会の責任を見えなくさせてしまうという疑問は先に述べた。あわせて、男性の育児参加の精神とエネルギーを家庭における家事・育児の分担に封じ込めないことも大事だと考えているのだ。

私の場合には、二人の子どもをまずは無認可の小規模保育所にあずけた。そして翌年の四月の新年度から、公立の認可保育園の0歳児クラスに入れた。

私が最初に子どもをあずけた保育園は、一九六八年に設立された共同保育所に由来する。共同保育所というのは、保護者が共同し、保育士と協力しながら維持・運営する保育所のことで、「ポストの数ほど保育所を」を合言葉に、一九六〇年代から七〇年代にかけて都市部を中心に地域住民の手で各地につくられた。共同保育所は認可外保育所であり、国や自治体の助成を全く受けないということではないが、基本的には保護者による保育料によって運営される。それだけに保育料は税金によってその多くが支えられている認可保育園に比べて高く、そのわりには保育士の待遇は決して良くない。

だが、保護者と保護者、保護者と保育士が協力しながら保育所保育をつくっていくという伝統がその園には受け継がれており、私は地域の仲間と一緒に子育てをしているという感覚や、仲間とともに子どもの成長・発達を見守り、それに関わる喜びをその園の保護者として感じることができた。

　私が地域で活動する直接的なきっかけとなったのが、この保育園でのバザーである。最近は助成金が増えたことと、百円ショップに押されて準備のわりには売り上げが振るわないこともあって「夕涼み会」に変わってしまったが、私が現役の保護者のときは、保育園の維持運営費を充塡《じゅうてん》するためにバザーを行っていた。バザーでは、保護者と保育士が一緒になって実行委員会を立ち上げる。保護者は保育園の行事のお客様ではない。保育士と対等の立場で協働する仲間なのである。

　私は、日頃の成果を活かして、長男の担任保育士と一緒に焼きそばをつくった。一緒にその作業をするなかで、子どものこと、保育園のこと、どういうきっかけで保育士になったのか、これまでどういう人生を歩いてきたのかといった話をした。とりとめのない会話であるが、その一つひとつが新鮮だった。

　バザーの後は保護者による打ち上げ。お互いの自己紹介から始まり、保育園でいつも顔を合わせていて、どこか気になっているものの聞けなかった、普段はどういう仕事をしているのかもわかる。当然、夫婦のなれそめにも話が及ぶ。中学受験をして、私立中学校に進学したので地元がなかった私にとって、地元の居酒屋で地元の人たちと身近な話題で盛り上がるという経験に興奮した。地域にはさまざまな人びとが、さまざまに生きている。この当たり前の事実を前に、この世界に自らが生きているということのリアリティをようやく感じとることができた。大げさに言えば、そういうことだ。

　打ち上げの席では、「○○ちゃんはどうだった、ああだった」というように、保育園での子どもたちの様子をそれぞれに語り合う場面も出てくる。そうしたなかで、親では気づかなかった、知りえなかった子どもの様子を知ることになり、わが子にはこういう一面もあったのかと認識を新たにする。

　また、卒園式も共同保育所にふさわしく保護者の出し物があり、そのための練習を通じて、地域の人たちとの新しいつきあいが始まることもあった。

こうして私は共同保育所での保護者生活を通じて、地域という場で多様な人びととさまざまな企みをするということの面白さに目覚め、暮らしの場である地域で「かた苦しくない集まりとして、そしてちょっと文化的で硬派なテーマを語る場」としてサークルを始めるようになった。地域での人間関係が深まり、重なるなかで、居住地の保育園の保護者会運動にも参加するようになる。それが、はじめて自らが担った社会運動であった。

保護者会運動に参加することで、自治体の保育行政に対して子どもの最善の利益の保障や、よりよい保育環境を求めて、交渉の機会をもつ立場に身を置くことになった。

あるとき、自治体が公立保育園での0歳児の布おむつ貸与事業を、保護者に対する十分な説明もなしに取りやめようとしたことがあった。そこで、保護者会運動で出会った仲間に呼びかけ、事業存続の陳情を議会に出すことにした。陳情を通すために与党系の区議に相談した。また、その実現可能性を探るために役所の人と懇談を重ねた。結果、陳情は議会にて全会一致で採択され、結果としては一年だけであったが事業存続となった。翌年度に事業は廃止になったものの、廃止にさいして保護者アンケートを実施してもらい、それにもとづいた保護者への説明責任を自治体に果たさせた。

私は法学部政治学科の出身で、これまで各種選挙には欠かさず行ってきた。だが、身近な居住地の自治体や議会活動に特別の関心を寄せることは、子育てをする前にはなかった。

父親になり、保護者会運動に関わるようになって気づいたことはたくさんある。保育園での子どもの日常の保育のあり方に行政が深く関わっている現実。その行政のあり方を監視する役割を自治体議員は負っており、自治体議員とともに住民が行政と粘り強く対話していく実践が、子どもの笑顔を守る日常につながること。子どものために声をあげることが、狭い意味でのわが子の親という立場を越えて、地域に生きる大人としての責任なのだということ。

保護者会運動に参加した当初は、行政や与党系議員をどこかで敵視していたように思う。運動の数の力で行政を変えようという発想も根強くあった。だが、0歳児の布おむつ貸与事業の問題で行政に再考を促すために本気で行動するなかで、運動における理念の正しさに寄りかかるのではなく、かといって安易に妥協的になるのではなく、自分たちの思いを、行動の意味を、わかりやすく相手に伝え、粘り強く交渉することで現実を一歩前に進めていく、社会的合意を形成し、更新していくことの大切さを痛感させられた。陳情を議会で採択させることで、実際に行政の方針を少しでも変えることができた成功経験は自信につながった。

自分の子どもが成長発達する姿を見届けることは子育ての喜びだ。だが、同じようにわが子に関わる友だちの成長発達を、わがことのように喜ぶことができるのも子育ての愉しさであり、喜びなのだと思う。それに加えて、子どもが育つ環境に主体的に働きかけて、それをよりよいものにしていく政治に関わることの面白さに目覚めることも子育ての醍醐味《だいごみ》と言えないだろうか。私たちの手で、どのような社会をつくっていくのか。社会秩序を主体的に形成するところに政治が始まるとすれば、私にとって子育ては政治化を促す絶好の契機であった。

「家族の絆」が見えなくさせるもの

「子育ての楽しさの内容」に関する社会意識調査では、「子どもの成長に立ち会えること」「家族のきずなが強まること」「子どもの様子を見ているだけで楽しい」という項目は上位にくるが、「子育てをつうじて自分に自信がもてること」「次代の社会を担う子どもを育てることに携われること」という項目は下位にある。

この結果からは、「家庭」もまた地域という「社会」のなかで呼吸しており、子どもをよりよく育てる営みがよりよい社会をつくる実践と密接不可分であるという認識が、未だ十分に共有されていない現実が見えてくる。この社会は依然として、子どもは親の私的な所有物であるという感覚が根強い。最近では、子育ての社会化、子どもをみんなで育てる場である保育園にあってさえも、「親心」だとか「家族の絆」とかいって、子育てにおける家族責任を強調する風潮が台頭している。家庭での子育てが大事じゃないとは誰も言っていない。だが、母親の家庭責任を強調し、子どもを育てるという営みを家庭内の私事に封じ込めようとする潮流は、子育ての共同という価値や、そこに基礎を置く政治的実践から保護者たちを遠ざけるということにつながるのではないか。

子育てから政治へ、その回路が閉塞してしまうことを私はとても危惧している。

そもそも「家族の絆」ということを言いたがる人は、家族という人間関係をあまりにも美化していないだろうか。男は仕事、女は家事という性別役割分業の意識を温存させてもいる。だが、家族だけが社会から隔離されたユートピアではありえない。家族の人間関係が絆ではなく、自己実現を難しくするという意味でしがらみになっている場合だってあるのではないか。親の失業がダイレクトに子どもの貧困につながっている現状もある。親子という「親しい」関係だからこそ、暴力が暴力として強く意識されず、日常的に暴力や暴言が横行している場合もある。家族という人間関係は、親が子どもを支配し、服従を迫ることができてしまうという点で、子どもに個の尊厳を意識させず、自立することを妨げてしまう危険性を十分にはらんでいる。

親が自らの子育てのあり方や価値観をとらえ返す契機は、家族のなかで子育てが完結しているうちはありえない。他の家族や子育て観と出会うことからの気づきがなければ、親は自らの子育てや子どもへのスタンスを反省することはできない。子どもの側からすれば、自分が成長していく過程で親身になってくれる大人を親以外に持つことは、親の支配的な価値観を相対化し、多様な価値を知ることで、結果として人生の選択肢を広げ、社会の見方を豊かにすることにもつながっていくはずである。無縁社会ともいわれる現代社会において、保護者会のような親たちのつながり、つきあいの世界をつくっていくことは切実な課題であろう。

こうしたつきあいの世界に、親とその子育てが開かれていくためには、親の側に子どもは決して親の思うとおりに育たないという断念が必要になってくるだろう。

最近、「子どもは親を選んで生まれてくる」という言説がまことしやかに流れている。だが、この言説は本当に危険だ。親が子どもを他在において理解する、子どもを他者として見る、そうした「親子の距離」（風通しのよさ）を、あっという間に埋めてしまいかねない。この子が私を選んで生まれてきてくれたのだから、それにしっかりと応えて、いい子育てをしなくてはいけないという強迫観念、過剰な責任意識に、こうした言説は転化してしまう。親（主に母親）の視座や関心を家庭に、わが子に固定してしまう。

社会のなかに家族が、子育てが、親子関係があるかぎり、子どもの人生に対して親だけが責任をとるということはできない。どんなに親子関係をよりよいものにし、子どもをよりよく育てようと思っても、家庭が社会から絶縁した場所でない以上、親が子どもとその環境を完全にコントロールすることはできない。自分の子どもをよりよく育てたいならば、子どもが育つ社会環境をよりよいものにする以外にない。こうあきらめたときに私たちには、家族という空間を根底から支える「社会」というものが発見されるはずだ。よりよい社会をつくるための技術（アート）としての「政治」の重要性もまた。

逆に言えば、「家族の絆」の強調、それに伴う母親役割の強調は、家族に強く焦点を合わせることで、その背景にある社会や政治を見えなくさせる効果があるのではないか。政治や社会に参加する精神とエネルギーが、子どもを育てあげることへの熱意と関心にスライドし、子育てにおいて母親あるいは父親が自己を実現してしまう。

「家族の絆」と聞けば、ともすれば純粋で政治的ではない言葉のように思われる。だが、自己を含む社会を批評的に認識するのを遠ざけるという意味で、「脱政治化」を促す〈政治の言葉〉そのものなのではないか。

いま大事なことは、多様な人間の関わりあいのなかで、子どもも親も成長発達する権利を具体的に保障していくことではないだろうか。それは、子育てという営みを社会に開き、母親の過剰な家庭責任を相対化し、男性の育児参加が可能になるような回路を、暮らしの場である地域からつくることだ。

こうした判断に立って私は、今日も子育てをしながら考えている。

ちょっと
わき道

ワキペディア
WAKIPEDIA

●

世の中を斜めから読み解く48のキーワード

アマゾン……amazon
ついつい、「どんなお宝でもゲットできるんじゃないか」と錯覚させられる巨大な密林。いまだ全貌は定かではない。アマゾンファンは数多く、人気急上昇中だが、一部には、そのえげつない生態を怪しむ者もいる。深入りしすぎると、迷子になる懼《おそ》れあり。

ありのまま……arinomama
変化への渇望を封じ込める殺し文句。

歩きスマホ……arukisumaho
水戸黄門公認の印籠《いんろう》を片手に、現代に蘇ったゾンビたちが所かまわず徘徊する様子を指す。

荒れる……areru
荒れるのは、お肌でも学校でもありません。ＳＮＳ上で発言が無秩序に行き交うさまをいう。ＳＮＳに投げ込まれる悪意の量に応じて、「荒れる→荒らす→炎上する」の三段活用が用意されている。

いじめ……ijime

(1)子どもたちに現代日本社会の仕組みを叩き込むために行われる、学校での課外活動。「いじめをなくそう」と偉そうに説教するお役所や政治家が率先して弱者をいじめているのだから、教育効果は抜群である。

(2)子どもを死に引き寄せる呪文の言葉。「いじめを防げ！」「いじめをなくせ！」という大人たちの大合唱が、子どもたちを死の呪いにかけていく。

(3)人間の信頼や愛をことごとく破壊してきた歴史的な社会現象のひとつ。うわべの謝罪ですませる大人の解決が問題をいっそうこじらせる。和解は急ぐ必要はない。だが、被った傷をともに見つめる真摯《しんし》さが必要条件。

SNS……esuenuesu

(1)人と人との対話の場に持ち込まれた新型兵器。社会悪への対抗勢力の形成や新たな交渉を生み出す手段として用いられることもあるが、最近は一般市民への無差別な投下が目立ち、あちこちで炎上している。現実と仮想空間の境界線を越え、日常生活を破壊する能力を持つ。誰もが手に入れられるだけに、その使用方法が問われている。

(2)価値観の異なる人の存在を無視して成立する自己アピールシステム。しかも自己アピールできる範囲をとてつもなく広げることが可能になる。

お酒……osake

人の心に寄り添って変化する不思議な飲料。楽しいときには美味しい飲み物に、辛いときには優しい味の飲み物になる。お酒の入った器を上から眺めると、今のあなたの心が映っている。ただし飲み過ぎると、人がトラにひょう変したり、アルハラと呼ばれる悪質な業務命令が下されたりするので要注意。

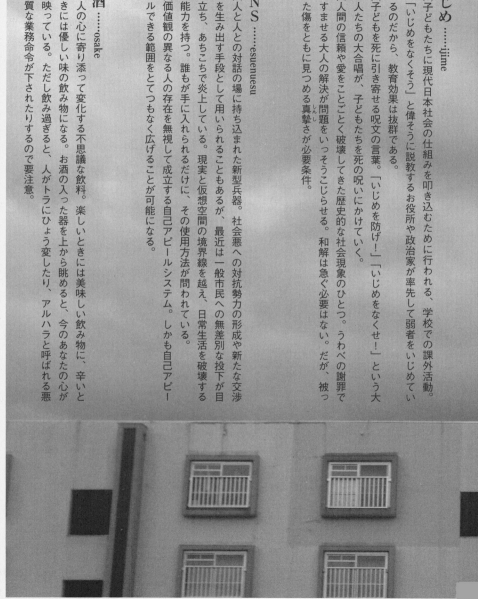

格差 ……kakusa

(1)経済問題や社会問題といった小難しい議論にのせて下々《しもじも》の生活を憂いながら、「私はあなたとは違う人間なのよ」と自分の優越性を下々の者に振りまくための清涼剤。

(2)どれだけの所得の世帯に生まれるかで、子どもの人生の所得が決まってしまう不思議な社会が格差社会。なのに、お前の怠慢の結果だと言われるだけでみんな納得してしまうのが不思議な日本社会。

(3)手ぶらで登れと命じられ、登れないと「お前の努力が足りない」と罵《ののし》られる理不尽な崖《がけ》。さらに理不尽なのは、もともと崖などなかったところに崖をつくったのが、命令している側の人間たちだということである。

餓死 ……gashi

飽食日本でじわじわ増えている死因のひとつ。「ホームレスでも新聞を読んでいる」と貧困問題をなきことにするかのように、その死因も隠されている。そういえば、その昔、多くの英霊たちも餓死していたとか。

学校 ……gakko

(1)未来の優良納税者生産工場。

(2)現代日本において「クローン人間」の実験・製造が認められている唯一の合法機関。

○活……○○ katsu

かつては就職活動の略語（シューカツ）として流通していたが、自助努力を煽る言葉としてその応用範囲は多岐にわたる。とくに次の三つの○活をクリアすると、もれなく「幸せな家族生活」がゲットできる。

①婚活

妙齢の男女に用意された第一ステージ。経済力を武器に、異性愛を前提とした婚姻制度に乗れるかどうかがクリアの鍵。

②妊活

国や自治体が生殖医療と結託して迫ってくる第二ステージ。女性も男性も自分の「無能さ」と長期間、戦うことを余儀なくされる。見事クリアすると、「子宝」というスーパーアイテムを手に入れることができる。

③保活

ついにラストステージ。行政というラスボスとの対決。スーパーアイテムの他に、勤務条件などいくつかのアイテムをゲットしておくと、エネルギーがアップする。クリアすると一時の安息を得られるが、次なる戦いのステージが待っているという噂。

○○カフェ（ねこカフェ、メイドカフェ）……○○ cafe

人間の欲望を満たすために仕立てられた茶番劇。人が自由気ままに集う「カフェ」の名前を看板に掲げながら、お店のメインメニューは、ねこやメイドによる「癒し」。働き疲れた人間を癒すために、今日もねこも人もが過重労働にあえいでいる。

ワキペディア

神対応……kamitaio

これができれば、あなたも一瞬にして崇《あが》め奉られる存在に早変わり。ただし、その効能は一瞬で忘れ去られる。

起業……kigyo

労働者の権利行使を妨げ、切り捨てるための切り札。「文句があるなら、会社をやめて起業しろ」のように用いる。多くの失敗例が溢れていても、さらなる起業意欲を煽って、果てしない夢をふりまいている。そもそも、すべての人が起業したら企業で働く人がいなくなる。まさに全員社長という魔《ま》訶《が》不思議な社会をめざすマジック・ワード。

喫茶店……kissaten

かつてはソクラテスたちが集い、激論を闘わせた場として知られる貴重な文化遺産。しかし近年では、一部の愛好者から惜しまれながら、表舞台より退場しつつある。

芸術……geijutsu

(1)自らの美意識を他の人に押しつける手段としてある時は、最悪なもの。
(2)一人ぼっちであっても、心に訪れてきて、心のなかに窓をつくってくれる時は、最善のもの。

結婚 ……kekkon

(1)できない、したくない、ほっといてくれ、という個別の事情を一切無視して差別化をはかろうとする制度。社会保障から社会的信用を経て人格差別にまで及ぶ。一撃必殺は、「だから結婚できないんだよ」。

(2)昔は「人生の墓場」などと恐れられたが、最近は簡単に離婚できるようになり、バツを背負って甦る人も多い。

(3)二人一組になって単なる紙切れを護符として奉りつづけることで、不自由やストレスを「一人前」という称号に転換する伝統行事。最近では嗜好の多様さと長期不況のために後継者が減少した結果、かえって熱狂的信奉者が説教してまわり各方面でトラブルを引き起こしている。

子育て ……kosodate

厳しい評価の眼をもつ観衆の前で繰り広げられる、一世一代の大舞台。（演出・脚本・国、演出補助：自治体）

（キャスト1）**父母（保護者）**　始まりから終わりまで出ずっぱりで、舞台袖に姿を消すことはほぼ不可能。舞台の成功の鍵を握ると重責を負わされ、筋書きどおりに物語を進めなければ即クビ。

（キャスト2）**地域のおせっかいな人びと**　舞台に彩りを添える主要キャストとして活躍したが、アドリブが多いと演出家の不満を買って、最近はめっきり出番が減少している。

（キャスト3）**株式会社**　近年、頭角を現している新メンバー。スポットライトを浴びるための位置取りには定評がある。

（キャスト4）**子ども**　観衆も舞台に巻き込む唯一無二の役どころ。脚本を裏切る予測不可能な物語を生み出すトリックスターをめざす。

ちょっとわき道

ワキペディア

ご当地グルメ ……gotochigurume

ご当地キャラとともに、地域おこしに担ぎ出された郷土料理の進化版。その活躍を支えているのは、地域特製のみそ、しょう油などの伝統食品だったりする。目をこらせば、あなたの食卓は意外にローカルに仕上がっている。

孤独 ……kodoku

(1)まっとうな大人になるうえでは必要不可欠な成長段階のひとつ。
(2)休日の夕方、大型スーパーでファミリー層に混ざってレジ待ちの列に並んでいる時に湧き出す感情。
(3)愛すべき、自分だけの居場所。この社会に生きていることの証し。

言葉 ……kotoba

言葉は、誰かをのけものにする。自分で自分を貶《おとし》める言葉もある。でも、自分にとって本当に必要な言葉が見つかったら、地獄のなかでも自分らしくいられる。

裁判員制度 ……saibaninseido

国民に国家権力の一部を無理矢理に担わせる制度。数々の冤罪《えんざい》を生み出した過去の反省をふまえて、法手続きを見直す労力よりも、人を裁く責務を国民に負わせることを優先した。選ばれた者との連帯意識が育たなければ、裁きが他人事であることには変わりはない。

WAKIPEDIA

105　ちょっとわき道ワキペディア──世の中を斜めから読み解く48のキーワード

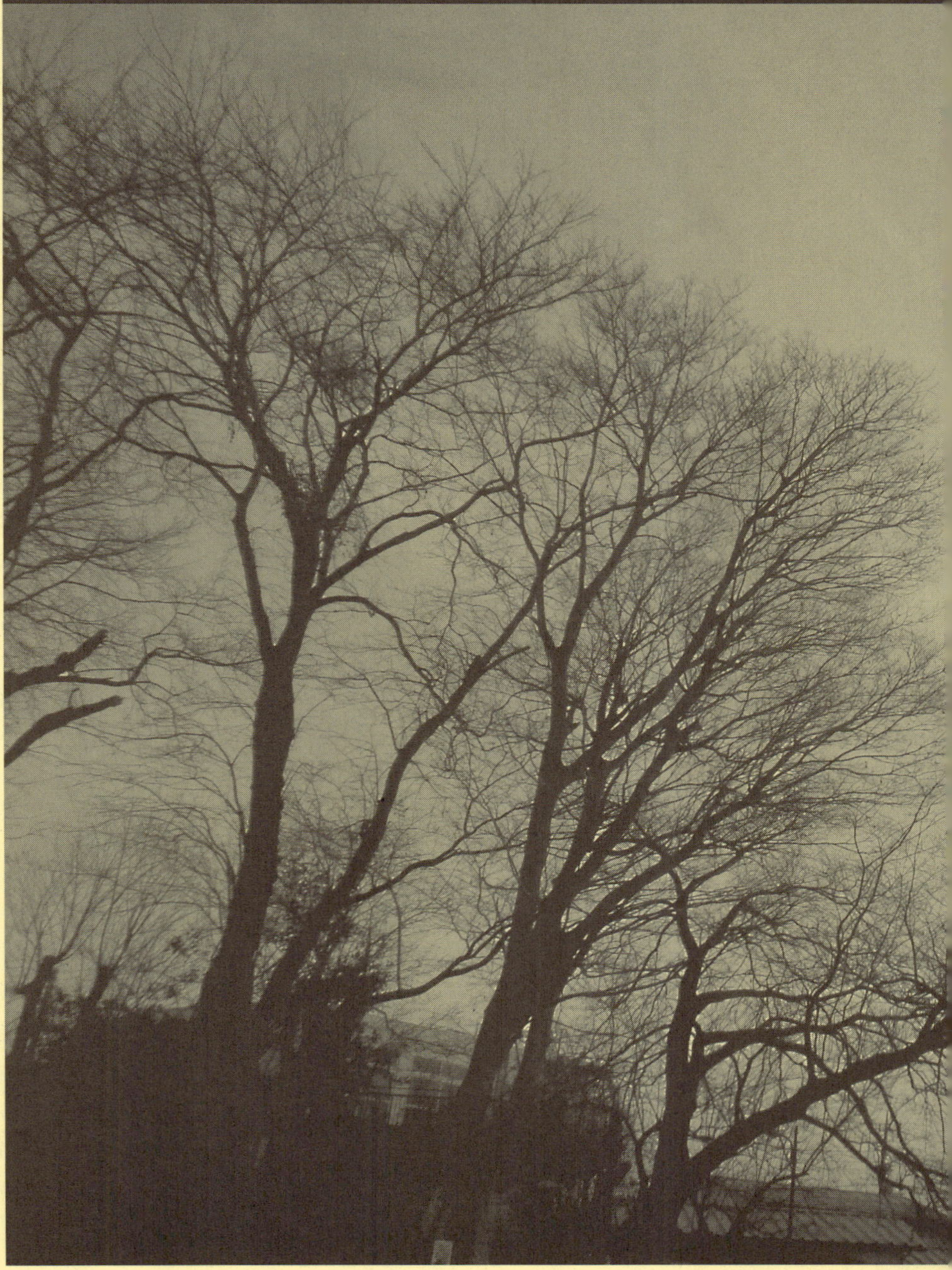

ワキペディア

視聴率……shichoritsu

調合方法は門外不出だが、うまく配合すると、ただの番組を（不）人気番組に変える魅惑のスパイス。投票率、支持率と並んで、人びとの味覚を惑わせる三大スパイスと称されている。

写真……shashin

カメラレンズを向ける先が他者から自分になり、「私たちの記録媒体」から「私の演出素材」へと変貌を遂げた。いわゆる「自撮り」の誕生である。現像（死語？）までのタイムラグが消失したことで、アリバイづくり（加工処理済み）にも重宝されている。

シューカツ……shukatsu

(1)就職活動の略。就活。黒ずくめの服を着て、元気だった昔を思い返しつつ、悲しそうな顔をしたり、泣いたりする。

(2)この世から去るための準備活動のこと。終活。黒ずくめの服を着て、元気だった昔を思い返しつつ、悲しそうな顔をしたり、泣いたりする。

18歳……juhassai

(1)バイクを盗んでから三年後。

(2)社会的養護の対象から外されて、ジリツ（自立）を強いられる18の春。

(3)税金の負担や多数決など頭数が必要な時には、「大人」扱いされる都合のいい存在。

粛々と……shukushukuto

あらゆる反論（たいていは正論である）や抵抗（たいていは正当である）を力ずくで排除しておきながら、そんな反論や抵抗など、さもなかったかのように一方的に物事を進めること。

奨学金……shogakkin

借りるも地獄、借りぬも地獄の、このニッポン。「将来の自分への投資」が謳い文句でも、実態は過重な長期負債。もはや借金の拡大マシーンと化した国の教育システムのおかげで、貸し付ける側はウハウハ。

承認……shonin

(1)他者との共同生活に常備された精神安定剤。

(2)人をみつめ、人にみつめられることで、人は生きていく。「人間は共同的動物である」（アリストテレス）。

昭和……showa

なぜかノスタルジックに思い出される時代。戦争、デモ、公害、地上げ、バブル崩壊等々、本当の昭和って「まっくろくろすけ」な時代なんだけど、いまとなっては「となりのレトロ」になっている。

ジリツ……jiritsu

かつては「ジリツした個人」「青年のジリツ」など、主に人間的な特徴を指す用語として使われたが、現在ではこの用法はまれである。近年では「ジリツ走行車」「ジリツ型ロボット」など、IT・工学用語として用いられるのが大半であり、人間に関して用いられるのは「ジリツ神経失調症」くらいである。失われたジリツを取り戻す鍵は、スマホを使いこなす手にあり。

人文学……jinbungaku

(1)人文字ではありません。歴史、文学、思想など人間の営みを探究する学問の総合体系。
(2)その姿は目に見えないが、言葉や作品のなかに住まう老賢者の一人。人間に想像の知恵を与えてくれる、かけがえのない存在。
(3)実学志向の社会にあって「役立たず」の称号が与えられたが、丁重に授与をお断りした。

スペック……spec

人間の能力を機械の能力として規定する自虐的な言葉。スペックが高かろうが低かろうが、あなたの能力がスペックとして認識されているかぎり、あなたの代わりはいくらでもいますよ。

税金……zeikin

(1)支配者から見れば、国民からとことん吸い上げるもの。国民の側ではいまだに「お上」にいやいや納めるもの。別名・年貢。

(2)貧乏人からは容赦なく遍《あまね》く取り立てる一方、大企業や金融機関には激甘で、各種の優遇・減免措置をサービスとして完備。

(3)オプションとして、富者にはタックスヘイブンなど脱法・違法の抜け道が、ぬかりなく用意されている。

政見放送……seikenhoso

一人もしくは同一政党の二人の人物が、お行儀よく座って台本どおりのセリフを読み上げるだけで笑いがとれる、いま最も注目されるお笑い番組。コント番組も真っ青の新キャラクターが飛び出すことも、しばしば。

専業主婦（主夫）……sengyoshufu

一億総活躍社会にあって、生存が危ぶまれている絶滅危惧種のひとつ。

体罰……taibatsu

学校や家庭などで大人が子どもに見せるお家芸。虐待ともいう。手をあげておきながら、愛があるとか都合がよすぎませんか。

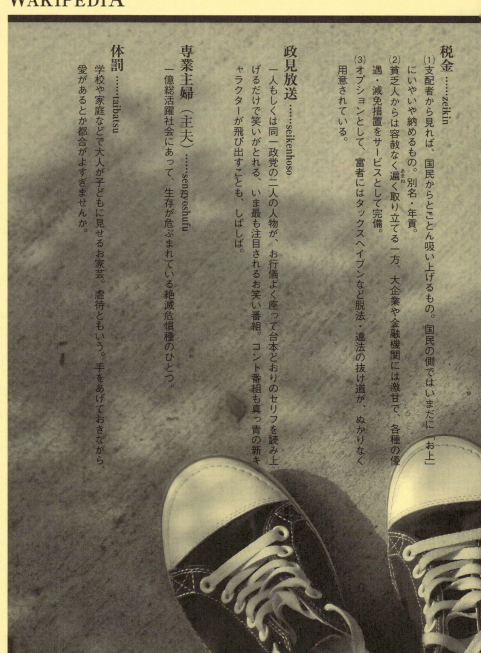

ワキペディア

○○男子、○○女子……○○ danshi, ○○ joshi

(1)「男らしさ」や「女らしさ」からズレた趣味・趣向を持つ他者を揶揄《やゆ》する言葉。草食男子、肉食女子など。

(2)ある分野に特化した自分に付加価値を与える言葉。歴女、リケ女、鉄子、イクメンなど。

(3)レアキャラゆえの劣等感につけこんだ新手の霊感商法。「これで、あなたの個性が一段と輝きますよ」との甘いささやきに酔いしれ、気がついてみたら、メディアや企業の宣伝にドップリはまっていた——なんてならないようにご用心!

テレビ……television

お茶の間の人気者から、ただの板に変わった。厚みがなくなり、存在感もなくなった。いまや壁に同化する寸前である。

東京オリンピック……tokyo olympic

東京の街からフヨウブツを一掃するのと引き換えに、一部の個人と企業の金儲けを公に認めるマツリごと。おもてなしの心に満ちあふれた「日本人」大量生産計画が目下、進行中。

ファストファッション……fast fashion

かわいくお洒落に着こなせる、安価なファッションブランドの総称。貧富の差を巧みに覆い隠す、庶民の制服。

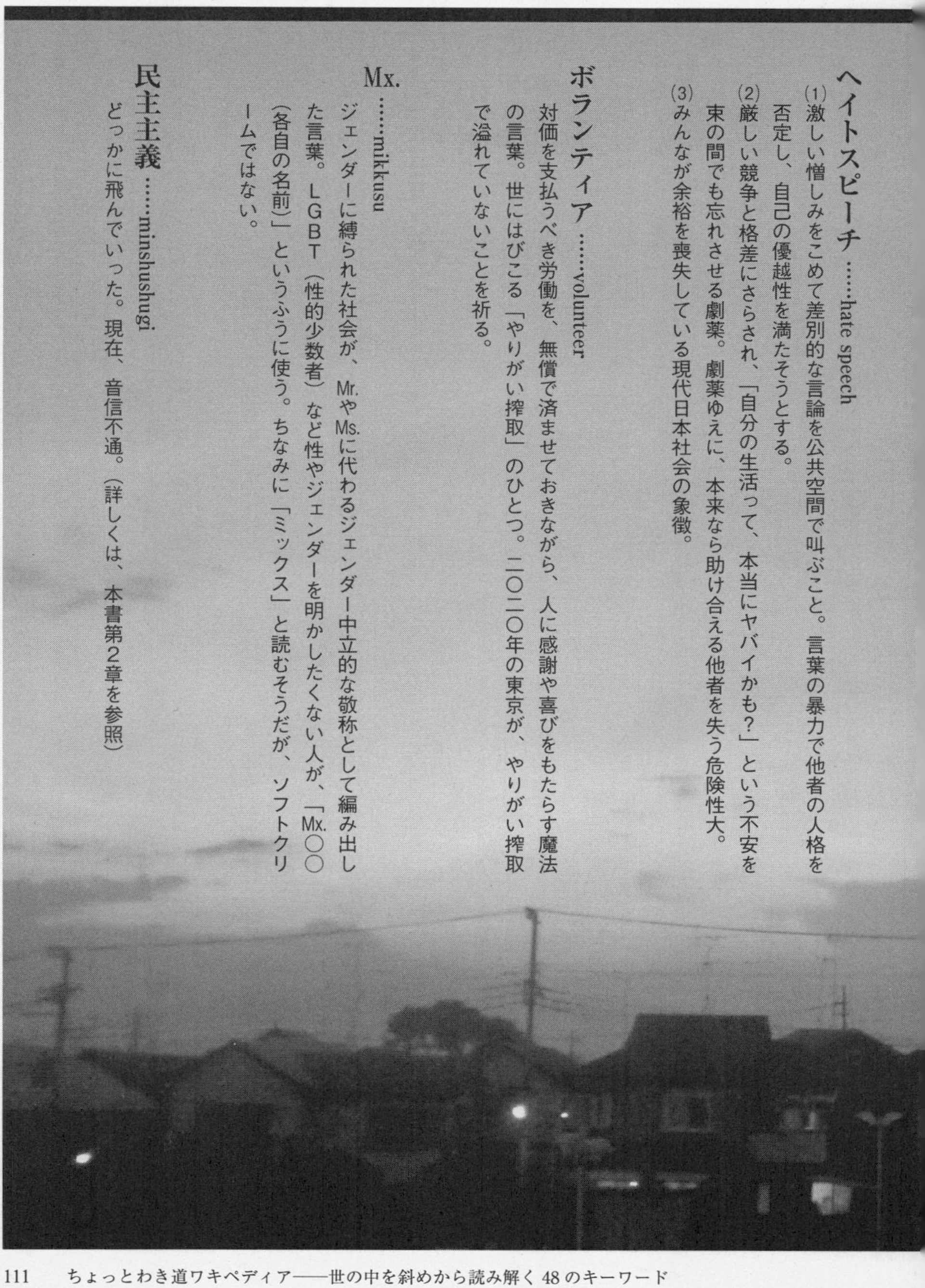

ヘイトスピーチ……hate speech

(1)激しい憎しみをこめて差別的な言論を公共空間で叫ぶこと。言葉の暴力で他者の人格を否定し、自己の優越性を満たそうとする。

(2)厳しい競争と格差にさらされ、「自分の生活って、本当にヤバイかも？」という不安を束の間でも忘れさせる劇薬。劇薬ゆえに、本来なら助け合える他者を失う危険性大。

(3)みんなが余裕を喪失している現代日本社会の象徴。

ボランティア……volunteer

対価を支払うべき労働を、無償で済ませておきながら、人に感謝や喜びをもたらす魔法の言葉。世にはびこる「やりがい搾取」のひとつ。二〇二〇年の東京が、やりがい搾取で溢れていないことを祈る。

Mx.……mikkusu

ジェンダーに縛られた社会が、Mr.やMs.に代わるジェンダー中立的な敬称として編み出した言葉。ＬＧＢＴ（性的少数者）など性やジェンダーを明かしたくない人が、「Mx.○○（各自の名前）」というふうに使う。ちなみに「ミックス」と読むそうだが、ソフトクリームではない。

民主主義……minshushugi

どっかに飛んでいった。現在、音信不通。（詳しくは、本書第2章を参照）

WAKIPEDIA

ちょっとわき道

ワキペディア

夢……yume

見るもの。描くもの。抱くもの。破れるもの。諦めるもの。実現するもの。「意識高い」系経営者が従業員を過酷な現実に封じ込めるために、むりやり口に突っこむもの。

○○力……○○ryoku

(1)人間を電池か何かと勘違いした自称専門家が、必死になって計測したり増幅したりしようとしている電圧に似た何か。もちろん目にも見えないし、手応えもない。

(2)この「力」を得るためには、こういう人であってほしいという他者からの欲望と、こんな自分を認めてほしいという自己の承認欲求を、煎じて呑み込む必要がある。だから、「女子力」の高い人とは、自分に都合のいい配慮を求める男性の欲望と、男性の甘えを抱き込む手腕に長けた自己への承認欲求を、見事に呑み込んだ人のことをいう。

Wi-Fi……wai fai

現代版の絆。

卒園式という名の性別役割学習発表会

保育園児の夢

息子たちの通う保育園の卒園式では、卒業証書を園長先生から受け取る前に、子どもたちが将来なりたいものを来場者に向けて発表するシーンがある。

男の子で多いのはサッカーの選手か、バスや電車の運転手。「〇〇博士」のような研究者というのも、ときたまある。それに対して女の子は、ケーキ屋さん、花屋さん、アイドル、保育園の先生、なぜか幼稚園の先生という職業がならぶ。

子どもたち一人ひとりによって語られる将来の夢。だが、毎年度卒園する子どもは違うにもかかわらず、デジャヴュのように、似たような夢が決まって子どもの口から語られる。これは何なのか。

「〇〇らしさ」の学習

子どもが成長・発達していくとは、社会的・集団的な生活のなかである役割を獲得し、文化を内面化していくことでもある。それを「社会化」という。保育園児であれば、家族の生活のなかで、保育園の集団生活のなかで「社会化」される。乳幼児に親があるいは保育士がどういう役割を期待するのかは、とても重要だ。

乳幼児が「社会化」するうえでは、遊びの経験は決定的に重要である。誰かに、何かになりきって遊ぶ「ごっこ遊び」は、ある社会的役割を演じるものであり、その過程で当該社会の規範や文化を学習していく。

長男が乳児クラスのときのことだ。担任のある保育士が、「男の子はやはり電車やバスのおもちゃが好きなんですよね」と言うのを聞いて、萎えた記憶がある。主語はあくまでも男の子であって、うちの息子の場合は、ではなかった。男の子はこうだ、女の子はこうだというように、成長・発達において個人差ではなく、性差を素朴に強調する。こうした語りは保育士に限ったものではなく、保護者にもよく見られる。

こうした発言の前提にあるのは、男の子は男らしく、女の子は女らしく育つことが自然であり、乳児のうちであっても男の子と女の子とでは遊び方も違うし、好むおもちゃも違っているという認識だ。その保育士にとって、それは疑いようのない「常識」のようなものなのだろう。

この保育士の乳幼児に対する働きかけは、おそらくどこかで子どもの性によって役割や期待が異なるものになるだろう。そして、そうした保育士に働きかけられる子どももはそれによく応えることで、性差を意識するようになり、性別役割を学習していくのである。

ここで、「ベビーX実験」として知られている心理学の実験を紹介したい。それはまったく同じ赤ちゃんなのであるが（赤ちゃんは外見では男の子か女の子か判別しにくいから、この実験は成立する）、「女の子ですよ」と紹介されて手渡されると、保育する人は女の子だと決めつけ、人形のような女の子用とされるおもちゃをあてがって遊ぶ。また、その赤ちゃんが泣けば、泣く声もまた「かわいいね」という言葉がかけられる。

それに対して、今度は「男の子ですよ」と手渡されると、男の子が遊ぶにふさわしいボールや電車やバスなどのおもちゃであやそうとする。その赤ちゃんが泣こうものなら、男の子だから泣くんじゃないという言葉がかけられる。同じ赤ちゃんが「泣く」という行為であっても、その意味づけは一八〇度違ってくる。泣くことをかわいいと肯定される女の子。それに対して、男の子らしくないからといって泣くことを否定される男の子。同じ人間なのだから、泣きたいときに泣けばいいと思うのだけれども、この社会はどうやらこうしたことを許してくれない。

ここにきて、私たちは発想を大きく転換する必要があるだろう。

男の子として、あるいは女の子として生まれたから、男の子用あるいは女の子用のおもちゃが自然と好きになるのではない。乳幼児のうちから男の子用、ないし女の子用のおもちゃを周囲の人たちから与えられ、乳幼児はそれを用いて遊ぶことで、男らしさなり、女らしさを学習し、男の子あるいはまた女の子になるのだ。

男の子は暴力的、女の子は家庭的!?

デパートのおもちゃ売り場に足を運んでみると、そこでは見事に男の子用のおもちゃと女の子用のおもちゃが分かれている。男の子用のおもちゃ売り場は青色が基調になっており、売っているおもちゃは、鉄道や自動車、飛行機の模型、そして「戦隊物」といわれる、なんとかライダー、なんとか戦隊が使っているベルトや剣や手裏剣といった武器が中心だ。金属製のものが多く、全体的に重厚感もある。

それに対して女の子のおもちゃは、ぬいぐるみだったり、人形だったり、「クッキングトイ」と呼ばれる、料理やお菓子を実際に作れるものだったりする。お母さんがやっているのを真似て、おままごとをしたり、小さい子どもの世話をするなどして遊ぶのだ。おもちゃの色は赤やピンクのものが多く、男の子用のおもちゃと違って柔らかい素材のものも多い。

こうして子どものおもちゃの世界を見渡せば、なんと男の子には暴力を振るう主体であることが許されているのか。それとは対照的に、女の子の遊びは母親の姿をなぞるように家庭生活の範囲に収まるものになっているのか。こうやって男性と女性の社会的性格や活動領域に関する常識は形成されていく。

男の子と女の子と区別するように周りが対応すればするほど、子どもは性差を自明なものとして育つ。男の子と女の子を特別に分けることを意識しないように育てれば、子どもたちは性差よりも個人差、つまり同じ人間であることをベースに物事を考えるようになっていく。北欧諸国では、おもちゃの色や遊び方について性別役割を助長することがないように配慮することが社会的な合意になっている。その社会は日本よりもよっぽど男女が平等の社会で、男性が育児や家事に参加する社会だ。

冒頭の話に戻ろう。卒園児はあたかも自分の夢であるかのように語っているが、実際に子どもの口を通して語られたのは、「男は仕事、女は家庭」という子どもが経験してきた性別役割分業の社会の夢（規範）だったのではあるまいか。

政治家の言う「家族の絆」に気をつけろ

女性活躍担当大臣が言う「家族の絆」

「白樺」「青空」「南風」で始まるのは、千昌夫が歌う『北国の春』。

「横浜」「たそがれ」「ホテルの小部屋」で始まるのは、五木ひろしの『よこはま・たそがれ』。

いずれも日本を代表する歌謡曲だ。三つの短い言葉がリズムよく並べられ、聴く側はある情景をパッと思い描くことができる。

では、次はどうだろう。

「命の重み」「家族の絆」「国家の尊厳」。

これは過去に女性活躍担当大臣を務めた、保守を自称する女性政治家のキャッチコピーだ。この女性政治家の主張を手がかりに、国家権力の側が考えている「家族の絆」とはどういうものかを考えてみたい。

「母親は子育てに生きがいを感じなさい」

まずもって注目したいのは、この政治家は子育ての積極的な価値を社会に広めたいと主張していること。字面だけ見れば、私と同じ主張。だから問題はその中身、両者の違いということになる。

この女性政治家の言う子育ての積極的価値とは、母親が子育てに「生きがい」を感じられることにある。「生きがい」とは「損得を超えた価値や大義・使命を実感する時に」生じるものであり、母親は「無私」になって子育てという事業に身を投じるべきだという。

ひるがえって、いまのお母さんたちはわがままだ、親の自由を束縛し、自己実現や収入を得る機会を奪うものとして子育てを考えていると叱責する。私たちの社会が少子化であるのも、結局のところ母親が子育てを損得勘定で考えて、その積極的価値をつかみそこねているからだという。

さらに言う。保育園に子どもをあずけることは原則として避けるべきだ。0歳児保育はもってのほか。いまとなっては厚生労働省も否定している「三歳児神話」を「神話ではない」と主張し、せめて三歳になるまでは母親の手元で子どもは育てられなくてはならない。そうしなければ、愛の薄い子どもに育ってしまうらしい。

そして、こうも脅す。子育てをラクしたいからといって保育園に「外注」してしまうと、数十年後に母子関係が悪化し、家族が崩壊するかもしれない。子どもをあずけて働くことも一つの女性の生き方かもしれないが、上記のリスクを背負っていることを忘れるな、と。

こんなことを言われて、女性たちは安心して働き続けられるというのだろうか。保育園児の保護者が子育てを安易に考えているというのは憶測でしかない。

さすがに、以上の主張は大臣になったときには引っ込めたが、便宜的に引っ込めただけであって、こうした考え方を根本から改めたわけではない。このような発想と論理は、この政治家に限ったことではない。国家権力を握っている保守の政治家には往々にして見られるものだ。

あらためて問いたい。このような子育てに対する信念を持つ政治家が声高に主張する「家族の絆」とは、いったい何なのか。

「国家の尊厳」を賭けた戦争は美しいか

先のキャッチコピーに戻ろう。ここで気づくことは、「命の重み」や「家族の絆」と「国家の尊厳」が何の葛藤もなく並列されているということだ。

それでは尋ねよう。「国家の尊厳」って何だ。

戦争とは国と国との争いであり、他の国の国民と殺しあうところに悲惨さがあると考えられる。だが、戦争には他の国の国民を殺すだけではなく、自分の国の国民を国家権力が殺すという側面もある。

こうした戦争の本質をよく伝えているのが、太平洋戦争末期の沖縄戦の経験である。

沖縄戦では、日本軍は沖縄に暮らしている普通の人びとを殺した。日本軍は、戦火から逃れるべく壕に身を寄せていた沖縄の人びとをそこから追い出した。住民が連合国軍の捕虜になることをよしとせず、「集団自決」するように促した。その結果、家族の者が家族の者に手をかけて殺すということも起きた。戦争において「国家の尊厳」は賭けられていたかもしれないが、いのちは実に軽いものとして扱われていた。より正確に言えば、軍人であるか、民間人であるかによって「命の重み」は違っていた。

この政治家のように「命の重み」「家族の絆」と「国家の尊厳」を並列に並べてしまえるセンスでは、日本軍が必ずしも沖縄の人びとのいのちや財産を守らなかった沖縄戦の歴史的経験とその本質は見えてこない。

裏を返して言えば、この政治家は戦争を美化し、「無私」になって国家による戦争という事業のために生きる生き方に価値を見出している。より正確に言えば、女性は「無私」になって家庭のプロジェクトに、男性は「無私」になって国家のプロジェクトに参加しろと呼びかけているわけだ。

だからこそ、こうした保守政治家は歴史教育に対して情熱をもって介入し、国家権力が個人のいのちや暮らしを踏みにじる日本の近代化のあり方やアジア・太平洋戦争の経験が歴史教科書に書き込まれることを、「自虐的」に過ぎるという言い方で警戒する。戦争を美化したい。国家の偉大さを国民に教えたい。国家権力にとって都合のいい国民の記憶を歴史教育によって創ろうと考えている。

ひるがえって戦後日本の民主主義は、国権の発動たる戦争によって人びとのいのちや暮らしが二度と踏みつけられることがないようにとの誓いから始まった。国のために生きるのではない。一人ひとりがよりよく自己を実現するために、政治共同体である国をどう組織するのか、その主体性が尊重され、私たちの政治的なあり方が問われるようになった。人びとを代表する職業政治家が追求すべきは「国家の尊厳」ではなく、「個人の尊厳」でなくてはならないはずだ。

「家族の絆」論者が「夫婦別姓」に反対するワケ

こうした保守政治家は「夫婦別姓」について、「家族の絆」を崩壊させるものだとして強硬に反対していることも指摘しておきたい。

結婚（入籍）すると「姓」が変わる。多くの場合、妻が夫の姓に変更する。それは自発的に姓を変えているのではなく、「国」が制度によって「同姓」（ある生き方）を強制していることの現れだ。自分の姓は自分で決める（同姓を選択してもいい。新しい姓を選ぶのも一つの道だろう）という自由が国家によって奪われている状態に、私たちはある。この点で私たちは不感症になっていないか。

戦争放棄を謳っている現在の日本国憲法には、結婚とは両性の合意にのみ基づいて成立する、夫婦は同等の権利を有することが書かれている。同姓の強制は明確に憲法違反だと言わなくてはいけない。

自分の姓名に誇りや愛着を持っている人（とくに女性）にとって「夫婦同姓」は心理的に負担なはず。いや、多くの女性は自分の姓名に誇りや愛着を持つことを、知らず知らずのうちにあきらめさせられているのかもしれない。それはどこかで女性が自分の人生を生きるということの断念につながっていないとは言い切れない。さらには、妻は夫の所有物である（支配できる）という家父長制的な意識の温存にもつながっているのではないか。人びとの社会意識は所属する国の制度に規定される側面が大きい。

「家族の絆」とは、個人と個人が（多くは男性と女性であるが、「個人」単位で考えれば性もまた男女にとらわれる必要はない）お互いに協力し合いながら助け合っていくなかで構築されるもの。「家族の絆」を「個人の尊厳」の側からとらえ返すのか、それとも「国家の尊厳」の並びに置くのか。ここには思考の始まる場所の決定的な違いがある。

「早寝早起き朝ごはん」のかけ声だけですませるな

行政が推奨する生活習慣だが……

ある自治体の教育委員会では、小学校入学前に身につけたい生活習慣を一〇個にまとめ、チェックシートを作成し、幼稚園や保育園などを通じて子育て世帯に配布している。二〇〇六年から文部科学省はプロジェクトチームを立ち上げて、「早寝早起き朝ごはん」国民運動をスタートさせた。チェックシートもこうした運動の一環である。

ちなみに一〇個の生活習慣は、①リズムが大切　早寝早起き、②元気なあいさつ　元気な返事、③しっかり食べよう　朝ごはん、④出かける前に　トイレに行こう、⑤外で元気に　仲良く遊ぼう、⑥帰ったら必ずしよう　うがいと手洗い、⑦時間を決めよう　テレビとゲーム、⑧しっかり聞こう　しっかり話そう、⑨心を豊かに　本を読もう、⑩進んでやろう　家の手伝い、となっている。

就学前にこうした生活習慣を息子たちが身につけてくれたらどんなに助かることか、親としては思う。

だが、こうした基本的な生活習慣を身につけさせるのにチェックシートという方法は、はたして有効なのだろうか。教育行政機関が一律に作成して各家庭に配布するということは、たとえそれが善意であるとしても、ある特定の方向性に家庭づくりを誘導するという意味で、どこか独善的なのではないか。ひとまずはチェックシートを受け入れるにしても、生活習慣を身につける主体はあくまでも子どもなのであり、子どもにとっての視点からチェックシートの内容や方法は十分に練られているのか。そんなことが気にかかる。

本を読む楽しさと自由を奪う

ここでは九番目の項目、「心を豊かに　本を読もう」を取り上げてみよう。

シートに目を移すと、「どくしょのじかんは（　）分」とある。読書にどのくらいの時間を当てるのかは、「おとうさんやおかあさんと」話し合って決めましょう、とある。

本を読むという習慣は、一日何分と決めて、その時間を読書できたから達成の証としてシールを貼るということで身につくものなのだろうか。それ以前に、「心を豊かに　本を読もう」とあるが、この指示が実にあいまいだ。心を豊かな状態にして読書しようということなのか。心が豊かな状態って何だ。甘いお菓子を食べる満腹感のことか。それは冗談にしても、「本を読む」ことが「心を豊かに」するという決めつけには、チェックシートを作成した側に読書という行為に対する権威主義的な教養主義が垣間見える。

楽しいから本を読む。

まずはそれで十分なのではないか。

本にもたくさん種類がある。自分の生活のために本を利用するという接し方もある。マニュアル本を読んで「心を豊かに」なるとはおおよそ思えない。「心を豊かに」という言葉を読書と結びつけることは、一定の読書内容や態度を結果として押しつけることになってしまっている。

そもそも読書の楽しみというのは、時間を気にしないということにあるのではないか。面白い本であれば、内容にひきこまれて時間を気にせずに読んでしまう。そうしているうちに我を忘れて読むことになる。そのことで、かえって現在に生きているということを、その不思議さを感覚させる。つまりは、読書によってもう一つの世界を経験するところに読書の価値はある。これはあくまでも私観だが、このチェックシートは確実に私（親）の読書観を否定している。

子どもを読書好きにしたいのであれば、地域の図書館のラインアップを充実させることも大事ではないか。一人で読むことだけが読書の楽しみではない。仲間とともに一冊の本を取り上げて、意見や感想を言い合うというのも、学校ではなかなか味わえない読書の面白さだ。図書館の司書配置を充実させて、子どもによる読書会文化をつくりあげていくのも有効だろう。行政としてやれることはたくさんある。税金の使い道という点で、パンフレット作成よりもやることはなかったのか。

不健全な家庭をあぶり出す

ところで、「早寝早起き朝ごはん運動」でよく引き合いに出されるのは、「早寝早起き朝ごはん」をしている子どもの学力が高いということだ。この場合の学力は試験によって測ることのできる学力のことであり、最終的には学歴獲得に結びつくことが期待されている類のものだ。そうだとすれば、学校の成績をよくするために、家庭で基礎的な生活習慣をつくるようにと文部科学省は各家庭に呼びかけていることになる。

しかし、これは倒錯ではないだろうか。生活習慣がある程度しっかりしている家庭は経済的にも余裕があり、一定の学習時間や内容を保障することのできる家庭である。塾に通わせることもできる。だから成績のスコアも高く出る。生活習慣が正しければ、おのずから学力が高くなるわけではない。

「早寝早起き朝ごはん」運動はやり方をひとつ間違えれば、こうした生活習慣をさまざまな事情で子どもに十分に用意することのできない家庭に対して、自分たちの家庭は「標準」から逸脱しているという劣等意識を植えつけることにもなりかねない。あるいはまた、グローバル化する労働環境のなかで、取引先が海外の場合にはどうしても朝早く起きることのできない人たちもいる。このような現在の多様な働き方が、チェックシートの作成側には見えていないのではないか。子育て世代の意見をちゃんと聴いてチェックシートをつくったのか疑いたくなってくる。当事者を無視して特定のライフスタイルを行政が押しつけることは、個人の思想・良心の自由を侵すことになりかねない。

行政のやるべき仕事はチェックシートづくりなのか

なるほど、「早寝早起き朝ごはん」の生活習慣をつけさせることが子どもの成長・発達にとってどれほど重要であるのかを自治体の教育委員会が痛感しているのであれば、朝の学校給食を政策として展開してみる手はあるだろう。実際に補食程度のものであるが、実施を試みた自治体もある。さまざまな事情から朝ごはんを食べてこない子どもが学校に一定数おり、授業に集中できていないという現場教員の声を受けての取り組みであった。

しかし、これには反対論も根強かった。朝ごはんは家族で食べることにこそ意味がある。そこに対話が生まれ、「家族の絆」！が生まれるという論理だ。学校給食が始まれば母親は朝食づくりを手抜きしてしまうという偏見もまぎれこんでいるはずだ。

だが、朝ごはんを実際に食べずに登校し、困っている子どもが現実にいる以上、「家族はかくあるべし」という理想論は力を持たないのではないか。朝ごはんを食べることの難しい子どもがいるという現実をつくりだしているのは政治の貧困、行政の怠慢である。各家庭の子育てのあり方や意識の問題に子どもの貧困の責任が転嫁されるのであれば、この問題は永久に解決することはない。善意であっても、こうしたチェックシートをつくることは行政の無作為と無責任を合理化することになりかねない。

国際政治や外交問題になると理想をむやみにふりかざすな、現実を見るべきだと声高に叫ぶ「保守おやじ」ほど、こと家族や子育ての問題になると、妙に理想論や道徳論を言い出す。そして、こうした取り組みに反対し、現実に向き合うことなくやりすごしてしまう。このように直観しているのだが、それは私の偏見だろうか。

「こども食堂」という社会的実験

こども食堂≠貧困対策

親の事情でひとり夕飯を食べなくてはいけない子どもがいる。ともすると、コンビニの弁当やインスタント食品などで済ませがちだ。どうしても栄養が偏る。

そうした子どもが一人でも気軽に行くことができ、手作りの料理を食べることができる場所。そこでくつろぎ、来ている人たちとの会話を楽しむことのできる場所。「孤食」を強いられている子どもが「共食」することのできる場所。それが「こども食堂」である。

いま、「こども食堂」がブームである。各地で急増している。

一概に「こども食堂」といっても、そのあり方や運営者の理念はさまざまである。自宅を開放する場合、教会や寺院などの宗教施設で行う場合、地域センターや公民館などで開く場合、いろいろある。月に二回ほどの開催のところが多く、廉価で（無料のところもある）夕飯を提供する。

テレビやラジオ、新聞などのマスコミでは、民間の子どもの貧困対策事業として取り上げられる場合が多い。一人で夕食をとる子どもの家庭に経済的貧困層は少なくない。実際に「貧困対策」を強く意識している「こども食堂」もある。そうしたなかで、「こども食堂」に行く子どもの家は貧乏だというイメージもまた社会に流布している。あたたかい家族の団欒の機会を持つことのできない、「家族の絆」から断ち切られているかわいそうな子どものための食堂、という意味づけが先行する。

他方で、最近の「こども食堂」新設ラッシュは、必ずしも「貧困」の問題と結びついておらず、地域の新しいコミュニティづくりの拠点としての期待がかけられている。

居住地で開かれたこども食堂の開設講座に顔を出したときのこと。そこに参加していた人たちの少なくない部分が、地域のなかで何かをしたい、定年退職後、何か地域でお役に立ちたい、地域のなかに居場所を見つけたいという思いを持ち、子どもに食事を提供する「こども食堂」ならば自分にもできるかもしれないと考えていた。

近頃、耳にした批判に「こども食堂は子どもが主役であるはずなのに、その内実は大人（ボランティア）の居場所になっていないか」というものがあった。たしかに、そうした批判があてはまる「こども食堂」も実際にはある。何のための、誰のための「こども食堂」なのかという根本的な問いがその運営管理者には希薄なのだろうが、そうであるからこそ流行にもなる。

これからも「こども食堂」は、貧困対策と地域コミュニティの拠点との二つの側面を持った子どもの居場所として続いていくと思われるが、「こども食堂」が流行になっているいまだからこそ、その「初心」を確認しておく必要があるのではないかと思う。

「こども食堂」の名づけ親・近藤博子さん

「こども食堂」の名づけ親とされているのは、近藤博子さんだ。一九五九年に島根県に生まれ、高校を卒業後、東京に上京する。歯科衛生士の資格をとり、診療所に勤務していた。

歯科衛生士として子どもの口腔環境のケアをしているなかで、近藤さんは子どもたちの食生活の乱れの問題を強く意識するようになる。たとえば、虫歯になるかならないかは歯磨きの問題よりも、夜に甘いものを食べる生活習慣の有無のほうが大きい。歯や口内の病気を一時的に治療したとしても、その子どもの生活環境が改善されなければ根本的な解決は難しい。

こうした問題意識をたずさえて、二〇〇九年に商店街の空き店舗（もとは居酒屋）で、こだわりの青果類をあつかう「気まぐれ八百屋・だんだん（だんだんは島根県の方言で「ありがとう」という意味）」を開店する。

その年の夏休み、高校生の娘の勉強について、知り合いの塾の先生に相談をしたことをきっかけに、毎週土曜日に店の一角を開放し、「ワンコイン寺子屋」を始める。ボランティアの講師たちが子どもたちの勉強を見守る学習の場がつくられ、いまも継続している。

近藤さんが店舗を開放して「こども食堂」を始めるのは二〇一二年の夏からである。現在では週に一回のペースで開いている。きっかけとなったのは、小学校の校長先生との懇談のなかで、近所にバナナ一本で晩ごはんを済ませている子どもがいるのを知ったこと。子どもの健康に価値を見出し、地域に根ざして食の豊かさを追求しようとしていたからこそ、この事実は近藤さんにとって衝撃的であった。

こうした取り組みを重ねるなかで、貧困層に限らず地域のあらゆる子どもがふらりと立ち寄れる、家庭でもない、学校でもない「第三の場」を近藤さんはつくっていった。そこでは、子どもは家庭や学校で期待されている役割から解き放たれ、変に気負うことなくいられる。ともすると親や教師は詮索したり、なにかと自分の言うことを聞かせようとするが、ここでは自分の意見は、まずは否定されることなく聴かれることになる。第三者としての関わりの客観性と気楽さがそれを可能にする。

近藤さんがつくりだした「こども食堂」を含む「第三の場」は、子どもにとって何でも言える場所、安心して自分を出せる場所であり、それゆえに安定した自己像もまた獲得することができる。子どもの安心な居場所とはこういうことである。

「こども食堂」流社会の変え方

また、「こども食堂」は参加者を子どもに限る「こどもの食堂」ではない。たとえば、ひとり親家庭の保護者が子どもと一緒に立ち寄り、同じような境遇の人と知り合うこともある。「こども食堂」での何気ない会話を通じて自分の状況を客観的に認知し、思考停止状態から少し抜け出すことができたり、有益な情報を得て、地域における行政の子ども家庭支援のネットワークをたどることができるようになったりということもある。近藤さんは地域のなかの人間の出会いをプロデュースしているわけだ。月数回程度で貧困対策になるのかというよくある批判は、「こども食堂」が提供するものが単なる食事であると認識しているからであろう。社会が変わるとは、人と人との関係の仕方が変わること。地域のなかに新しい社会的な関係が生まれることだ。

誰の子どもも見捨てない、地域のみんなで豊かに生きる。近藤さんには子育て共同の思想がある。それは、子どもを育てる責任は家庭にある、母親にある、それができない例外的な家庭の子どもに対して、母親の代わりにあたたかい援助の手を差し伸べてあげようという「上から目線」の発想や論理とは対極だ。また、「こども食堂」が万能薬だとも思っていない。「官には官の、民には民のやるべき仕事がある」と言うときの近藤さんのまなざしは、子どもの貧困をつくりださない政治、そして行政のあり方を問うものだ。

最後に一言。「こども食堂」を効率よく運営しようとなると、どうしても、男は受付や運営管理、女は食事づくりという性別役割が固定化されてしまう傾向がでてくる。だが、こうした性別役割分業こそが、男性をいのちと暮らしの価値から遠ざけた。それとは逆に、女性にそれらの価値を過剰に押しつけることになった。その結果として、家庭を人間的な生活とコミュニケーションの場として成立させなかった。暮らしの真の豊かさを問う「こども食堂」であったればこそ、それを担う人たちには性別役割について敏感であってほしいと思っている。

Dialogue

ママ友世界のリアル——男の分際、わきまえてくれないと困ります

目白なつさんの長女と私の長男は、同じ保育園の同級生。毎週月曜日は、わが家で「なんちゃってこども食堂」ということで、目白さんの長女とうちの長男・二男と私の四人で夕ごはんを食べています。そして、なつさんと妻の帰りを待つ。私は女の子がいるいつもと違う食卓を楽しんでいます。長男は通う小学校は違うけれども、気心の知れている保育園の同級生がくるのにホッとするみたい。二男は、いつもよりお父さんがよそゆきでいるのが嬉しいみたいです。

目白　和田さん気づいてました？　毎回欠かさずに保育園の保護者会に顔を出してましたけど、ママさんたちからは面倒くさいと思われてたってこと。

和田　えっ、そうなの。ショック……。でも、うすうすは気づいていたというか、あえて気づかないふりをしていたというか。あえてこちらから空気を読まずに、ママ友の輪のなかに入ろうとしていた気がするなあ。

目白　だから、それがうるさがられてたわけですよ！

和田　長男のときは、はじめての子どもなので見るものすべてが新鮮だったから、それこそ保育園に関係することであれば何でもやってやろうという感じだった。

目白　だから私にも話しかけてきたんでしょうけど、最初は警戒もしたんですよ。

和田　保育園でママに声をかけると、ビクッとする人が多い気がするな。異性から声をかけられるということに慣れていないというか。地域で異性の友だちをつくるというのは、難しい課題なのかなあ。

目白　性差の壁をこえて仲よくなりたいと思っているんでしょ。でも、そこがうるさがられているんだって！　ほら、同じ保育園でも、しょうちゃんのパパもよく保育園の保護者会にきてたじゃない。

和田　うん。

目白　しょうちゃんのパパは、和田さんと違ってうるさがられていなかった（笑）。では、その違いは

何でしょう？

和田　キャラの差。

目白　もちろん、それはある。和田さんは日常会話で使う言葉が硬すぎるからね。でも、それだけじゃない。しょうちゃんのパパはさ、ある安心感を与えるわけよ。ママたちに。

和田　「男の分際」をわきまえている！

目白　正解！　わかっているじゃない。保護者会で、あるお母さんが夕飯の簡単レシピに困っているというところで、親切心だとはいえ、手を挙げて、もやしのナムルの作り方を話してはいけないんです。そこは女の領域だから。

和田　妻が忙しくて、こられなくてすみません、今日は特別にその代わりできていますという体で、保護者会でも小さくなっていなくてはいけない。

目白　そうそう。でも、和田さんはそういうこと、タイプ的にできないでしょ。

和田　そうですね……。

目白　だったら、あきらめるしかないんじゃないの。私、けっこう裏で、和田さんに対する誤解を解くべくママ友に働きかけていたからね。感謝してもらいたい。だからこそ、和田さんの市民権は私たちのクラスではあったわけですよ。

和田　目白さんが同じ長男の保護者会にいてくれて助かったと、最近つくづく思う。二男の保護者会だと、自分は完全に浮いている。このあいだの保護者会では、誰も自分に話しかけてくれない。そこに自分がいるのに、いないように扱われた。これって「いじめ」だと思ったし、自分が男親なんだということを強く意識させられたんだなあ。

目白　私と和田さんでは、子育て観が近いじゃない。

和田　子どもをジェンダーフリーに育てたいという点では一致しているよね。

目白　でも、保育園の保護者だからといって、家事や育児も夫婦で助け合ってやっているかといえば、そういうわけじゃ全然ない。そういう人からすれば、和田さんはやっぱり面倒くさい。

和田　よく若者でいるじゃない。「僕たち若者は」というように、「若者である」という立場を前面に押し出して、そしてどこかで「若者だから」ということで先取りして自分の未熟さの指摘を受けつけないようにする。そういうポジション取り。

目白　つまり、保育園の保護者会のママたちは、「ママ」であるという立場に居直っているじゃないかと言いたい？

和田　そう、一人の人間である前に母親であるという意識が強すぎはしないかと。無自覚かもしれないけど、保護者会で男性を排除する「ママ」の暴力を実際に振るわれたからね。ちょっと話がとぶんだけど、目白さんは、安保法制に反対する「ママの会」とかはどう見てるの？

目白　まあ、私だからいいけど、そういう政治ネタの突っ込み方も保育園ママからするとＮＧです。

和田　そうね、気をつけないと。

目白　いのちを産み出すママだから平和を愛する心を持っているってのは、決めつけだと思う。だって私、そんなにやさしくないし。

和田　どちらかというと、勝負事で勝つとか、競争とか好きですよね。

目白　否定はしないけど。で、話を続けるけど、私たちと一緒に地域で市民運動をしている吉良智子さん、いるでしょ。

和田　戦時期の美術史、とくに女性画家たちの美術という、いままで光があたっていなかった分野の研究に取り組んでいる研究者。

目白　その吉良さんを呼んで、このあいだママ友と勉強会をやったんだけど、参加者のママにはその内容がけっこう衝撃的だったみたい。一般的には、女性＝反戦、戦争を忌避すると考えているわけじゃない。

和田　戦争の最大の被害者は女性＝自分だと思ってる。

目白　でも実際は、必ずしもそうではない。戦前の家父長制社会のなかで虐げられていた、家庭という私的領域に封じ込められていたからこそ、戦争という公的な社会事業に参加することに喜びや解放を感じていた女性は、けっこういた。女性画家たちも、もちろん戦争に協力していった。決して弱くてかわいそうな存在じゃないんだって。

和田　「ママ」という立場を打ち立てることで戦争協力をしたってことだよね。で、それは現在にも通じる話だと、目白さんは感じている？

目白　そうね……私は女性だからよくわかるんだけど、男性ばかりが社会のなかで活躍しているのに不満は強くある。職場での男女格差、パワハラ、セクハラ。家に帰ってきても、家事や育児を押しつけられる。女性の場合、男性と比べて就労も不安定になりがち。社会に対する欲求不満はかなりたまっていると思う。

和田　現代に引きつければ、戦時期の女性の戦争協力は、格差に苦しむ人たちが排外主義的な言動に出たり、生活保護バッシングとか、正社員や公務員バッシングに加担していくというのに似ているかな。

目白　「愛国女子」ってのも最近いるらしいよ。でも、私の周りを見ていると、圧倒的多数はあきらめているかなあ。現実は変わらないと。でね、人は現実を変えるのが難しいと思うと、自分のほうを変えようとするんだよ。現実社会のなかで夢中になるものがない。そうだとすれば、自分自身や身のまわりのほうを夢にしてしまう。リアルな現実はいっこうに変わらないのに。

和田　男性の場合には不満を暴力として発散できるけど、女性は内向していくということはあるかもな。女性はスピリチュアルや自己啓発セミナーみたいなものに救いを求めていく傾向が強いと感じる。

目白　「ママの会」に話を戻すとね、なんで、わざわざママを集めて会をつくるのか、デモをするのかと思わないわけではないのよ。

和田　僕の周りにも独身女性が多い。子どもが欲しくてたまらなかったのに、できなかった既婚女性もいる。

目白　でも、女性にとって「ママ」「母親」という立場を手にすることで、政治的な発言をしやすくなるところもある。もちろん、その逆に、子どものいのちを守る「ママ」だから安保関連法に賛成という言い方も可能。

和田　安倍首相なんかは「子どもたちの未来のため」、「子どもたちが安全に生きるため」に安保関連法が必要だと言っている。

目白　戦時中は「報国」の名のもとに、子育ても母性もあったわけだから。

和田　こんなことを考えている目白さんも、そうとう面倒くさいですよ。

目白　みんな、面倒くさい人間になればいいのに。そうしたら、和田さんもフツーでいられるかもよ。

〈この対話は経験にもとづくフィクションです〉

Dialogue

保育士って、本当はどうよ。

ある天気のよい日曜日、以前から地域でつながりのある三人に集まってもらい、お話を聞きました。
斉藤助文さん：七五歳。サラリーマン時代は営業一筋。いまは地域活動で大忙し。
綾部芙美子さん：六八歳。公立保育園の保育士、園長を歴任。現在は私立保育園の理事。
菊川さなえさん：二二歳。短大を卒業後、私立保育園に勤務。三歳児クラス担当。趣味はかき氷の食べ歩き。

斉藤　孫がさ、今度、保育園に入るっていうんだよ。ゼロ歳だよ、ゼロ歳。俺なんかさ、戦後の混乱のなかで保育園にも幼稚園にもいっていないからさ、どうもピンとこなくて。

綾部　私、保育士をする前は会社員をしていたんです。働き続けたかったから子どもをゼロ歳から保育園にあずけたんですが、そのことを職場の上司に報告したときに、本当に忘れられないことを言われた。「赤ん坊からあずけるなんて、どんな子になるかわからないよ」って。

斉藤　うちの隣は大型の家族向けのマンションだけどね、ある部屋から、お母さんの怒鳴り声と赤ちゃんの泣きじゃくる声が聞こえてくるんだよ。これにはまいっちゃうよ。子どもがかわいそうで、かわいそうで。

菊川　えっ？　それって虐待じゃないですか？

斉藤　お母さんの愛情ってのは本能だろ。腹を痛めて産んだ子なのに、どうしてかわいがれないのかね。

菊川　そうですよね。いまの子どもって母親に甘やかされているからなのか、すごくわがままだと思うんですよ。うちの職場でも保育士の言うことを聞かない子どもがたくさんいて、正直困ってて……。だから、お母さんが怒鳴りたくなる気持ちはわかる気がします。

斉藤　お母さんからの愛情を十分にうけて育ってないのかねえ。母子の愛着形成っていうの？　お母さんのおっぱいを吸うところから、愛着形成ははじまるっていうじゃない。お母さんも、おっぱいを子どもに吸わせているなかで母性愛が生まれてくるんでしょう？　愛情ホルモンが出たりするって、テレビでやっていたんだけど、どうなの。

綾部　保育園では、生後それほど経たないうちから哺乳瓶でミルクも並行して与えます。母乳が出にくい母親もいます。そういう母親は自分を責めるんですよ。母乳が出なくてごめんねって。保育士はそういう母親の気持ちに寄り添いながら、子どもと母親にとって最善の方法を一緒に探していくんですよ。それでも愛情が足りないように斉藤さんには見えますか（笑）。

斉藤　それは失敬。保育園を否定したいわけじゃないんだよ（笑）。

綾部　斉藤さん、ダメですからね、娘さんの授乳に関してあれこれ言ったりしたら。

斉藤　何の話してたんだっけ。

菊川　ゼロ歳から子どもを保育園にあずけるって、どうなんだって話です。

綾部　子どもって同じ年くらいのお友だちの姿を見て、いろんなことを学んでいるんです。赤ちゃんだって環境をよく観察していますし、いろいろなことに気づいてもいるんですよ。赤ちゃんだから何もわからないだろう、できないだろうなんて大間違い。ゼロ歳児クラスで、病気でしばらく登園してこなかったお友だちがひさしぶりにやってくると、同じクラスの赤ちゃんはそのことに気づいて必死に反応をする。言葉がでないから、その表現方法は泣いたり、手をたたいたり、追いかけたりと、いろいろ。ゼロ歳児はまだ社会性が発達してないという言い方をする人がいますけど、ゼロ歳児なりの社会があると考えたほうがいいんですよ。ゼロ歳児もまた集団のなかで、お互いに刺激し合いながら育ち合っているんです。

菊川　それは保育士なんで、とてもよくわかります。でも正直言うと、あんなにかわいい時期を人の手にあずけるなんて、もったいないって思うんです。だから、私は自分の子どもは自分の手で育てたいなって思ってます。

斉藤　いまは保育士か、昔は保母って言ってたでしょ。保育の仕事ってのは、お母さんの代わりなわけでしょ。やっぱり子どもにとってはお母さんが第一なんじゃないの。保育士はあくまで二番手というか。保育士さんを前にして悪いんだけどさ。

綾部　そういうふうに考えておられる人は多いですよね。じゃあ、母親の経験があれば保育士の仕事はできるのかといえば、そうじゃない。それに保育園というところには、栄養士、調理員、看護師、事務、用務という職種もあって、それぞれの専門性を発揮して子どもを育てているんですよ。

菊川　お迎えにきたお母さんに駆け寄っていく子どもの顔を見てると、どんなに保育士が愛情をかけて接していても、お母さんにはかなわないなって思うんです。ちょっとむなしくなるっていうか。

綾部　保育士の仕事は保護者とともに子どもを育てていく仕事。親にとっては子育てをともに担うパートナーなんです。子どもからすれば、家庭という場と保育園という集団で育つ場、二つの育ちの場があって、それぞれの良さ（悪さ）があるんですよ。どっちが優先ってことではないと思いますよ。

斉藤　菊川さんも、いずれ結婚するんでしょう？　保育士って、えらい男性からモテるんだって。

菊川　保育園は圧倒的に女性の職場なんですよ。男性保育士はまだまだ少なくて。それに保育士を彼女にしたい男性って、それこそ自分のお世話をしてくれるお母さんみたいな女性と勘違いしているんじゃないですか！　このあいだ合コンして、ちょっと引きましたよ!!

斉藤　急に強気に出たねえ。

綾部　保育園の話に戻しますとね、保育園にはゼロ歳から六歳の子どもたちが生活をしています。異年齢集団です。保育士は自分のクラスの子どもだけではなく、すべての園児の名前を基本的に覚えます。そして、子どもが成長していく姿を園全体でも見守るんです。親以外の複数の大人が自分の成長を見守ってくれているという安心は、子どもがこれから生きていく根っこになっていくのだと思うんです。

斉藤　まだわかんないこと多いけど、まあゼロ歳児からあずけても悪くなさそうだという気がしてきたよ。でも最近、保育園での死亡事故があるでしょう。とくに乳児が、お昼寝中に死んでしまう。あれって、どうなってんのよ？

綾部　私は長い間保育士をやってきたなかで失敗もたくさんしました。子どもが大きなケガをする場面もあった。仮の話ですが、死亡事故を起こしてしまったとしたら、私はその時点で保育士をやめていたと思います。保育園の死亡事故のニュースに触れると、遺族の気持ちはもちろんのこと、事故を起こした保育士のことを思うと胸が苦しくなります。

菊川　保育園での死亡事故は大学の授業でも話題になりました。保育園が足りなくて、株式会社の保育園経営が認められるようになって、保育の質が落ちてるって。

綾部　株式会社が経営していても、私立の認可保育園であれば自治体がしっかりと保育内容や保育条件を整備したり、監督をしたりするので、問題はかなり改善します。それに株式会社だから事故を起こしやすいとは一概には言えない。公立の認可園でも死亡事故は起きていますから。

斉藤　死亡事故が起きる原因は何なの。

綾部　園長を経験して痛感したことは、職場の人間関係づくりの難しさ。保育という営みは、保育士のからだをとおして行われるものだから、子どもへの対し方、保育士の間のコミュニケーションの取り方一つひとつをとりあげて、問題点を指摘することは、下手するとその人それ自体を、人格を否定することにもなってしまうんです。

菊川　うん、それよくわかる。

綾部　職員が協力しあう、信頼しあう、そして、保育に前向きに取り組もうとする、そういう職場集団を築きあげられるかどうか。園長の職責はやはり重たいですね。ですが、それがあれば保育園で事故を未然に防げる可能性は飛躍的に高くなるし、事故が起こったとしても職員の間で適切な対応も連携もできるようになる。

菊川　ここだけの話ですけど、実は私も職場の先輩とうまくいかなくって、辞めようかなって悩んでいたんです。いまは保育士不足だから、働き口はいくらでもあるし……。

綾部　職場の人間関係に悩んで早期退職していく保育士は多いんです。株式会社の保育園の場合には、人の入れ替わりがとくに激しい。保育士不足は深刻だから、現場はとにかく人手が欲しい。園長職の引き抜きも多いですし、あらゆる地域からあらゆる仕方で保育士が集められてくる。そこに固有の難しさがあると思います。大事なことは多様性を認め合い、かつ違いを話し合えること。園長だけがベテランで、あとは全員若手の保育士というのはダメ。経験年数が多様な保育士がいないと気づきは生まれないから。

菊川　斉藤さんや綾部さんみたいに、年齢や性別、立場が違う人とのほうが本音を話しやすいってこともありますよね。保育士は子どもの多様性を見ているのだから、保育士の多様性ももっと認めてほしい。職場で大事にされていないと、保育士も子どもにやさしくできないんじゃないかな。

綾部　保護者の方から与えてもらえる気づきも多いですし、若い保育士は経験不足で教わる一方かというと、そうじゃない。園長として教わることがとてもありましたから。今日も菊川さんから若手保育士の本音を教わりました。どうもありがとうね。

菊川　えー、そんなことないですよ。でも、なんだかそう言われてうれしいな！

斉藤　子どもは日本の宝、若い保育士も日本の宝！

菊川　それは大げさです（笑）。でも、もうちょっといまの現場で粘ってみようと思いました。また話を聴いてくださいね。

〈この鼎談は経験にもとづくフィクションです〉

第 4 章

環境へのマニフェスト

澤 佳成

Manifest

住民がつくる新しい社会のかたち

日々の暮らしのなかで〈生き苦しさ〉を感じる場面はありませんか？　低い賃金なのに国民年金納付額がじわじわ上がったり、障がいがあるのに経済的自立を強いられたり、諸事情で働けないのに生活保護費を下げられたり、バイトをして必死に支払っている学費がまた上がったり……。

「ああ、また厚生年金と税金の徴収率が上がっているような気がする。苦しいな～」

給料明細を見ると、いつも出るため息。「高齢者」になり、「年金でつつましく暮らそうとしてたのに、いきなり介護保険の高額請求がきた！」と嘆く父。わが家の風景です。

選挙で投票した政治家に社会の仕組みづくりを任せた以上、生き苦しさが改善しないのは、候補者を選ぶ私たちの選球眼にも責任がありそうです。でも、それは責任の半分にすぎなくて、もう半分は、「投票で全面委任したわけじゃないんだから、私たちの生き苦しさを解消してくれなければ困る！」とハッキリ意思表明しない私たちの姿勢にもあると思うのです。国や地方自治体の政策に異議を申し立てる請願権は、憲法で認められているのですから。

そりゃわかっちゃいるけど、毎日の生活に精一杯で考える暇はないし、どういう手続きをとったらいいかわからないし、生き苦しさもまだ耐えられそうな範囲だし……なかなか行動は起こせないですよね。私もそうです。でも、「もしかしたら、あきらめ続けて自分たちが生きていく社会の設計を他人任せにしているうちに、二進《ニッチ》も三進《サッチ》も行かない未来がきちゃうのでは?」と不安におののく自分もまた、心のなかにいるのです。

そんな私に、どんなに大きな壁でも、あきらめずにおかしいと訴え続ければ道は開ける、と教えてくれた方がたがいます。貴重な都市の森が道路計画でつぶされそうになったとき、「いまの豊かな住環境が破壊されるのはイヤだ」と声をあげて森を守ったみなさんです。

私が注目するのは、そんなみなさんが、声をあげるにとどまらず、森づくりをはじめ、よりよいまちのあり方を考え始め、最初は対立していた市とも協力関係を築きつつある点です。なぜなら、そんな姿勢が、いろいろあきらめかけている私たちに対し、地域を基盤とした新たな民主社会のかたちを示してくれているような気がするからです。

寝耳に水！――休眠状態だった「都市計画道路」建設予定の急浮上

二〇〇七年一二月四日火曜日。東京都調布市にある若葉小学校の体育館で開催された市主催の住民説明会で、都・多摩二六市二町の担当行政官の集まる協議で決定した「第三次事業化計画」（二〇〇六～二〇一五年度の一〇年間の道路事業計画）により、学校を囲むように拡がっている国分寺崖線《ガイセン》の森を貫く道路の計画（都市計画道路調布三・四・一〇号線）が優先的に整備される運びになったと聞かされます。しかも、未着手だったその計画線は、四五年も前の一九六二年に計画されたものでした。

東は世田谷区から西は立川市まで、多摩川が長い年月をかけてつくった河岸段丘の台地の縁《へり》が続いています。それが国分寺崖線です。開発が難しい崖線にはいまでも貴重な都市の緑が所々に残っており、調布市若葉町の「若葉の森」もその一部を占め、東京都の「雑木林のみち」に指定されています。

若葉の森から望む富士山（大村哲夫さん提供）

春には桜、キンラン、ギンランが森のなかを彩り、夏にはカブトムシ目当ての子どもたちが歓声をあげ、秋にはドングリが実を落とし、冬には雪化粧の富士山を一望できる、住宅街の一角とは思えないほど自然が豊かなところです。

説明会に参加した住民の多くは、そんな自然環境の豊かさを求めて移住してきた人たちだっただけに、道路が森を貫くという市の説明に衝撃が走ったのです（図１・２）。

よく知られているように、行政機関は、たいていの場合、住民説明会の段階では計画遂行の決意を固めてしまっています。でも住民からすれば、「地権者なのに事前に説明がなかった！」「住民が計画決定のプロセスから排除されているではないか！」と納得できません。

ところが、質疑応答は一人一問に限られ、しかも市の答弁への再質問は禁止。住民は「誠実さが見られない」とムシャクシャしても、発言を終えねばならなかったのです。

ふつうなら、粛々と作業は進んで森はつぶさ

図１　現在の若葉小学校の校庭の景観（考える会提供）

図２　道路が通ると若葉小学校の校庭の景観がこう変わる !?（考える会提供）

れ、道路が完成していたにちがいありません。

しかし、お互いに顔も知らない仲だった住民のみなさんが、一堂に会して「やっぱりおかしい！」と声をあげ、「国分寺崖線の緑を守り、調布三・四・一〇号線を考える会」（以下「考える会」と略します）を結成。憩いの森を守ってきたのです。

高度成長期の記憶

これからお話しする住田さんご夫妻もまた、その運動の中心を担ったお二人です。

突然ですが、ここで唱歌『春の小川』の風景を想像してみてください。

春の小川は　さらさら行くよ
岸のすみれや　れんげの花に
すがたやさしく　色うつくしく
咲けよ咲けよと　ささやきながら

春の小川は　さらさら行くよ

えびやめだかや　小ぶなのむれに
今日も一日　ひなたでおよぎ
遊べ遊べと　ささやきながら

田舎の事情に通じている方でも、二番の歌詞はイメージしづらいと思います。農薬をふんだんに使用する農業の近代化のせいで、エビやメダカは言うに及ばず、フナですらめったに出会えなくなっていますから。ましてや都会で育った方にとっては、学校で歌わされた記憶はあるけれど、そんな現場は見たことないという方がほとんどのハズです。

ところがこの歌詞、実は唱歌が発表された当時（一九一二年）の渋谷の風景を詠み込んだものなのです。にわかには信じがたいエピソードですが、コンクリートジャングルと化している東京にも、かつてはこんな風景が拡がっていたわけです。

そうした風景は、戦後、高度成長とともに解体されていきました。

一九五一年生まれの住田さんご夫妻が幼少期を過ごしていた、新宿からほど近い初台という地域にも、初夏にはホタルが舞うほど豊かな自然環境を持つ玉川上水が流れていました。ところが一九六〇年代の初頭、新宿と八王子を結ぶ私鉄・京王線の地下化に伴い、玉川上水の一部が壊されてしまいます。住田さんご夫妻は、自分たちの大切な場所が、経済成長の論理で破壊されていくのを目の当たりにしながら育ったのです。

そんなご夫妻が、自然環境の豊かさを気に入って購入した若葉の森そばの終《つい》の棲家《すみか》。敷地の一部が削られる道路計画は業者から聞いて知っていましたが、四五年も前の計画道路を、この貴重な緑をつぶしてまで実施しないだろうと思っていました。そして、説明会の半年ほど前から、緑地保全のボラ

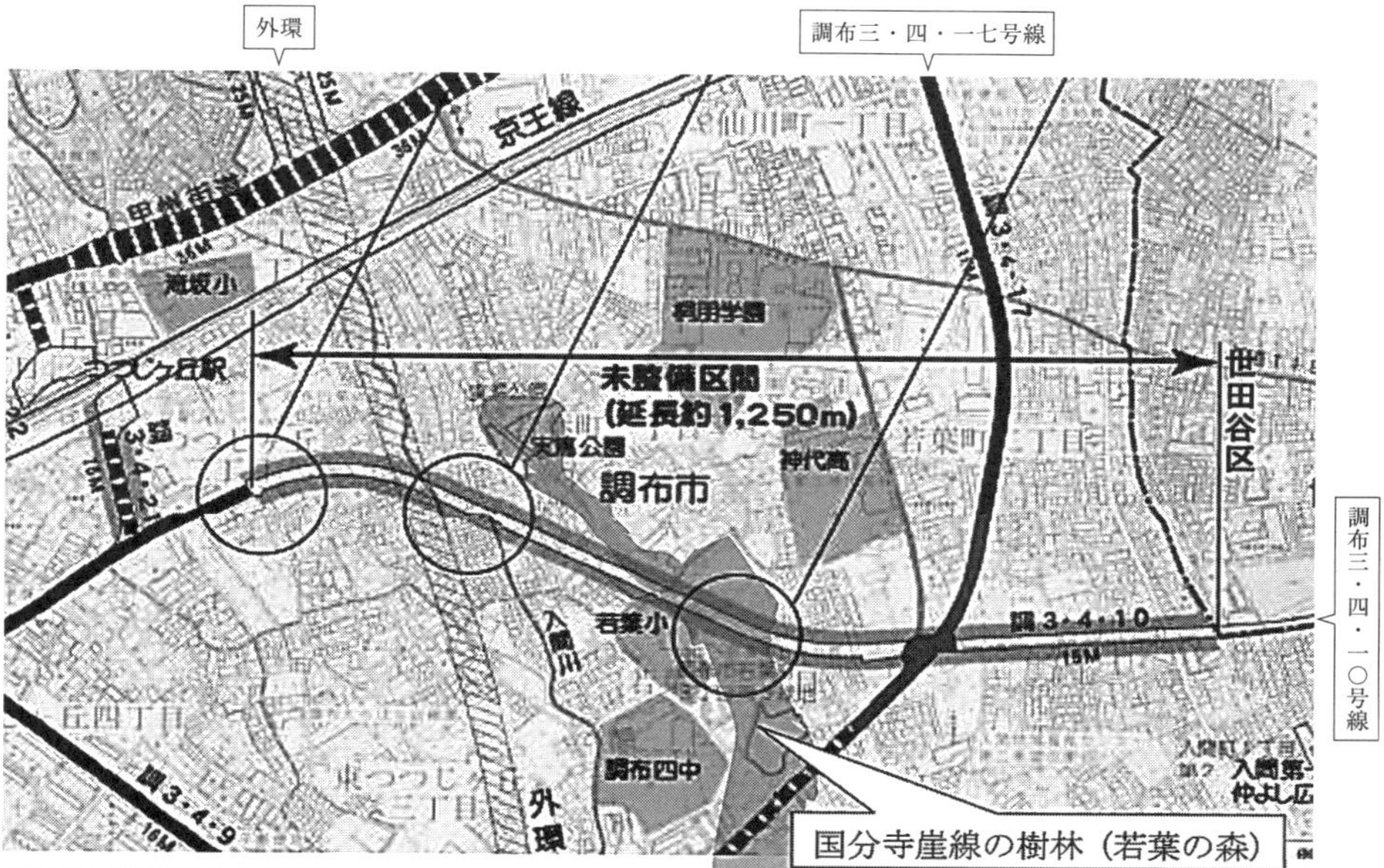

注：調布市発行「品川通り通信」創刊号掲載図に樹林の領域を書き加えた。

図3　調布三・四・一〇号線と外環の計画線（考える会提供）

ンティアを中心的に担ってこられたのです。

それだけに、にわかには信じがたい話に、説明会後、住田夫人はご近所のみなさんと一緒に、どこを道路が通るのか、崖下のほうまで調べに行ったのです（図3で、実篤公園から長く南北に延びるのが若葉の森で、それより東側が崖上、若葉小や入間川のある西側が崖下になります）。

都市計画とオリンピック？

みなさんは、「道路が計画されたのは一九六二年」と聞いて、何かピンときませんか？

そう、その二年後に開催された東京オリンピックです。図3を見てください。調布三・四・一〇号線の計画線と交わっている、「東京外郭環状道路」（通称「外環」）の計画線がありますよね。東京からは、高速道路が、東名自動車道、中央自動車道、関越道、東北道、常磐道と放射状に延びています。たとえば、静岡の人が「栃木の日光まで行きたい！」と思ったら、東名自動車道でいったん都心に出て、首都高速道路を経て東北自動車道に入る必要があるのですが、首都高《しゅとこう》は渋滞が多くて不便なため、放射状に延びる高速道路の間を扇形に通る道路（環状道路）で連結し、首都高への自動車の集中を緩和しようと計画されたのが外環なのです。

同じような環状道路が、一番内側の首都高速環状線（二〇一五年全線開通）、真ん中の外環、一番外側の圏央道（「高尾の天狗訴訟」で有名）と三本計画されました。考える会の共同代表である丸山重威さんによると、総理府の有識者懇談会が「3環状9放射ネットワーク」構想を公表した一九六三年ごろからは、三本の計画線がオリンピック道路として報道されていたそうです。

東京オリンピックに向け、戦後復興と経済成長の力強さを世界にアピールするため、とにかく急いでインフラを整備しなければならなかった。住田さんご夫妻が目の当たりにした玉川上水の分断は、まさにこうした時代の出来事でした。道路計画においても、安藤広重が『東海道五十三次』のなかで描いている日本橋の真上を首都高が通り、風景がぶちこわしになっている有名な例からもわかるように、景観の保全が配慮された気配はありません。いまでは、都市の緑がヒートアイランド現象を緩和したり、空気をよくしたりする機能を持つのは常識となっていますが、そうした認識がまだ弱かった当時、地図上の都市の森は、おそらく道路計画線を引きやすい場所だったハズです。

そして二一世紀。そんな大切な森をつぶす当時の道路計画が、二回目の東京オリンピック開催を目指す都政のもとで、長い眠りを解かれたのです。しかも、調布三・四・一〇号線は、当時から外環へのアクセス道路と位置づけられてきたために、市の説明会資料でもある図3には、国の事業である外環の計画線もわざわざ引いてあるのです。

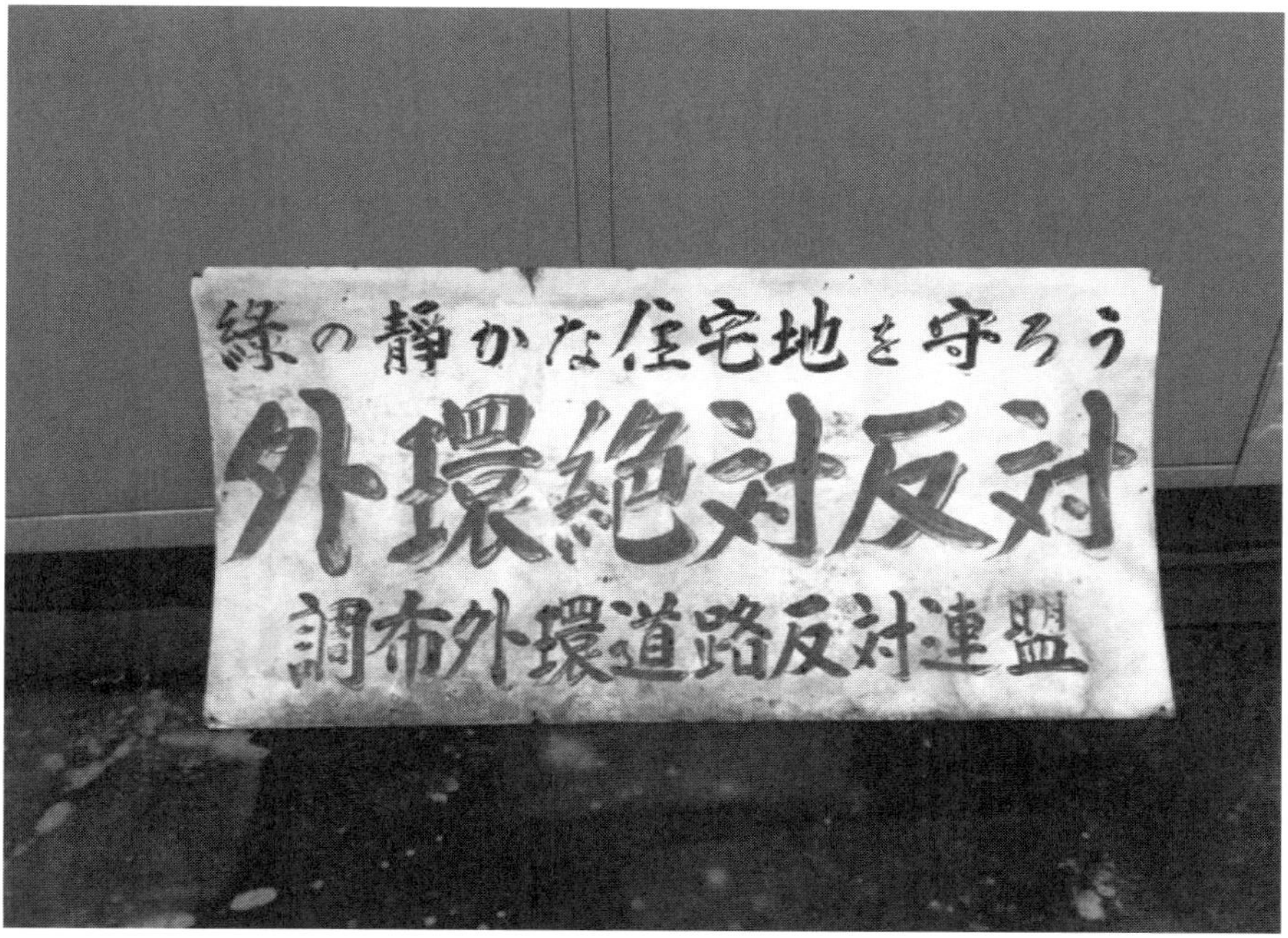

外環計画線上のお宅に掲げられていた看板（丸山重威さん提供）

つながりをつくった ある主婦の思い

もともと、外環反対運動の組織（調布市外環反対連盟）があった地区も含む住民のなかに、「なぜいまさら四五年前の計画が」と走る動揺。それに正面から応えない市の担当者。

そんな市の対応を「やっぱりね」と冷静に受け止め、「森を大事に思う人たちとつながらなくちゃ」と発言者の名前をメモする吉野由美さん（仮名）の姿がありました。

吉野家が引っ越してきたのは、ご主人の新一さんが幼少時の一九五一年。喘息だった新一さんに冬も暖かい場所をと、若葉の森に囲まれた土地を気に入ったご両親が購入したのです。そんな思い出の土地も道路が開通すれば半分ほど削られてしまうというのに、外環計画が「凍結」になってから四〇余年の間、市からの連絡は一切なかったそうです。ただ、計画は「廃止」になったわけではありませんから、離れを建てる場所も限定され、土地を売ろうにも市が買い取ってくれないなど、周囲の世帯は計画線に振り回されたといいます。

「それだけなら、みんなのためだから仕方ないと、家族は納得していた」のに、行政に対する不信感を抱く出来事から、吉野家は反対せざるをえなくなっていくのです。

道路計画と同じ頃に建設が進んだ若葉小学校の裏門に通じる道は狭小だったため、吉野家の敷地と小学校の敷地を同じ分だけ削って拡幅される手はずでした。ところが、いざ完成してみると、小学校側は拡幅されていなかったのです。話が違うと抗議したお母さんに、市の担当者は「市のやることにいちいち文句を言わないほうが身のためですよ」と言い放ったといいます。

それから三〇余年後の二〇〇二年頃、吉野家の隣の崖から台地上にかけて広がるＡ家の私有地に、傾斜地マンション建設計画がもちあがり、「これは大変だ！」と大騒ぎになります。緑の斜面にマンションができれば、景観は決定的に悪化するからです。新一さんは、このときはじめて「子どものときから空気のような存在だった森の大切さに気がついた」そうです。

建設に反対する五〇人以上の住民が一堂に会し始まった住民運動。学習会を開催しながら、交渉が進められました。ただし、私有地のマンション建設は公共事業ではありませんから、なるべく景観を破壊しないでほしいというお願いの次元での交渉が続きます。

勉強した由美さんは、「基礎部分の斜度が三〇度以内じゃないと、わが家の安全は守れないハズだ」と、市との交渉を続けます。最終的に「五〇度以内」で妥結したのですが、マンション完成時の実況見分のさい、決定的に「市は住民の味方ではないんだ」と感じさせられる事件が起きるのです。どうみても五〇度以上あるように見えたため、お手製の角度確認器を使って、基礎部分の角度を測ってみせようとしたところ、市の担当者から「書面に五〇度と書いてある以上、測る必要はないんだ！」と怒鳴りつけられたというのです。

こうして、市の施策では住民が蚊帳《かや》の外に置かれるものなのだと身をもって体感してきた由美さんは、「住民のほうを向いていない行政に、長い間暮らしてきた子どもたちとの思い出の土地を取られたくない」という暮らしに根ざした思いも手伝って、住民説明会でも茫然自失せず、先を見据えることができたのです。「もしマンション建設反対運動を経験していなかったら、仲間になってくれそうな方の名前をメモったりなどしなかったでしょうね」。

そんな由美さんが説明会後に家の前の道路を掃いていると、現地を見にきた住田夫人らが通りかかりました。手元の説明会資料に目がいき、声をかけたところに、説明会で名前をメモしておいた大村哲夫さんもひょっこり加わり、実はすぐご近所だったと判明。

こうして、次第にできていく新しいつながり。それに加えて、マンション建設反対運動以来つながっていた堀尾さんご夫妻とも、由美さんは相談を進めます。さらに、計画線で敷地が削られる世帯を中心に、年末から正月にかけて「電話をかけまくった」のです。こうしてつながっていった人びとが、二〇〇八年一月、吉野家で一堂に会し、会の発足につながったのでした。

若葉の森を土俵際で守る住民運動――その秘訣と要因

①成功の秘訣その一――「みんなで考えよう」を旗印にした

こうしてできた会の活動の結果、若葉の森は土俵際で守られているのですが、その成功の秘訣は何だったのでしょう？　最大の秘訣は、たんに道路建設に反対するのではなくて（そうするとシラケる人もでますから)、道路計画と森の関係をみんなで一緒に考えましょうという姿勢に徹し、住民だけでなく、議会や市長を巻き込んでいった戦略です。

それを基本に、住民には署名と協議への参加を呼びかけ、市長には署名簿提出と同時に考える会との継続的な協議の約束を取りつけ、議会には請願を出して一会派以外の賛成で可決されます。まちに森がある意味を一緒に考えようと呼びかければ、文句を言える人はそういないのです。

②成功の秘訣その二――ゆるやかにつながった

もちろん、反対の旗を明確にすべきだという意見もありました。しかし、こうした柔軟な戦略がとれたのは、上意下達型の運動と違った、一人ひとりの「地域に森があることで、いま享受できている豊かな暮らしを破壊されたくない」思いを大事にする、上下関係のないゆるやかなつながりがあったからではないかと思われます。

初期から世話人として活動している鈴村淳子さん(仮名)は言います。

「地図の上に勝手に線を引かれて道路をつくると言われても、私たちはそこで生活し、子育てしているわけですよね。そんな気持ちを無視して政策がつくられていく現状を、私は受け入れられない。また、市は、川の洪水対策をしてほしいという私たち崖下の住民の願いを受け入れて分水路をつくってくれたものの、いまでも大雨が降ると下水道は氾濫し、道路は冠水します。森が道路になってしまったら、崖上の水がドッと押し寄せて、もっと大変な事態になるかもしれない。なのに市は、分水路をつくったから大丈夫と思っている。そんな意識のままでいられては、ここでの暮らしが守れない。そんな気持ちが活動を続ける動機です」

反対に、「道路はつくってもいいが、ここではないだろう」という意見や「裁判に訴えるべきでは」

といった多様な意見を持つメンバーが、一つの意見を絶対視することなく議論しながら進めてきた、まさに平場の民主主義を可能にする集い方が、大きな力になったと思うのです。

③成功の秘訣その三――適材適所の役まわりでバージョンアップした活動

住田守さんと事務局のむらき数子さんは、そうした雰囲気のなかで、この会は当初、組織や役割を決めなかったのがよかったといいます。手探りでチラシをつくって配り、集会を催し、署名を集め、新聞記者や市議会議員と接し、市の検討会（⑥番目参照）に参加していくなかで、メンバーがお互いの人となりを理解し、役割分担ができていったというのです。そして二〇〇八年三月、ゆるやかなつながりの象徴である共同代表三人（堀尾輝久さん、丸山重威さん、大村哲夫さん）と事務局五人組を決めます。こうして運動がバージョンアップしていくのです。

④成功の秘訣その四――女性も参加しやすい運営

他地域の住民運動を経験していたむらきさんは、特定の人にお茶くみや会場準備が集中しないように事務局として気をつけたそうです。女性がやるのが当然とされがちなお茶くみは、特定の人が議論の場にいられない時間をつくってしまい、仲間なのに対等に関われなくなってしまうからです。その後、この会では「飲み物各自持参」が当たり前になりました。

その結果、よりいっそう、考える会の世話人会は一人ひとりの思いを互いにぶつけ合える場となり、メンバーが自分の役割を認識し、活動できるようになっていったのです。

⑤成功の秘訣その五――自分たちでデータを集めた

それだけではありません。考える会の運動のすごさは、調布市との協議において、ただ計画のおかしさを指摘するだけでなく、自分たちで集めたデータをその裏づけとして示してきた点です。交通量調査、大気汚染調査など、それぞれ担当者をおいてデータの収集に取り組んできたのです。

第四回協議でプレゼンした田中太郎さん(仮名)は、交通量等の調査を担当してこられました。

調布三・四・一〇号線と外環が交差する「二重苦」の敷地に暮らす菊地春代さんは、息子さんが小児喘息だったこともあって、調布三・四・一〇号線の大気汚染調査の係となります。その調査はメンバーの協力のもと、八年の時を経たいまも続いています。外環については、計画線から離れた地域にお住まいの考える会のメンバーに刺激を受け、励まされ、住宅地の大深度地下を通る地下トンネルがいかに危険かを勉強されました。その結果を国交省に対する異議申し立てで発表したところ、興味を持たれた団体に招かれ、お話しされる機会もあるそうです。

⑥成功の外的要因――「改革派」の市長だった

道路の話が浮上したとき、現職の長友貴樹《よしき》市長が市民に推されて当選し、市内各所に幹部職員とともに出かけ、「市長と語る・ふれあいトーキング」を行い、市民の声を聞く姿勢をとっていたことも幸いしました。住民の声を直接届ける機会になったからです。ハコモノ建設万歳の市長だったら、森はつぶれていたかもしれません。

また、市長の肝いりで始まった、市民参画型会議の提言をまちづくりに生かすプロジェクトである「地域別まちづくり方針市民検討会」にも会のメンバーは出席し、提言の作成に関わっていったのです。

コンサルタントが仕切っていた検討会のワークショップでは、地図上に目立つ色で道路計画線を塗らせる作業もあったそうです。住民自身が自発的に道路を欲しているという検討結果が欲しかったのですね。会のメンバーは、そうした点を「おかしい」と追及していったのです。

最終的に、二〇〇九年に出された検討会の報告書で、道路計画は慎重に検討すべきだという文言を入れるのに成功。大村哲夫さんが「二〇〇八年からの二年間は、とにかく検討会が主戦場でした」と述懐されるほどの激論が交わされてきたのです。

⑦成功の秘訣その六――あきらめずに議論した結果、流れが変わった

しかし、たとえ提言に成功しても、市長の判断ひとつで、道路工事は着工されかねません。

そこで、検討会がひと段落したあとの主戦場は、現在まで一〇回開催されている調布市と考える会との協議の場へ。すべての回の中心テーマはやっぱり「見直しはありうるか?」という議論。市の言う「見直し」は、「構造」(トンネル・盛り土・橋梁のどれにする?)、「配置」(どのルートで道路をつくる?)、「必要性の中身」(交通量、良好な居住環境の形成、防災などの観点から見て必要か、等)の三点に限られ、計画の廃止を含めて見直すべきという住民側の主張と平行線をたどります。「もう裁判に訴えるしかないのでは」という声があがるほど、膠着状態の続いた時期もありました。それでも堀尾輝久さんは、役所の人も、市長も、都と住民の間に挟まれて大変なんだから、対話を続けようと意見します。

そんななか、二〇一〇年三月、『品川通り通信』なるものを市が配布したのがきっかけで、流れが変わります。計画地域周辺の世帯に配布されたその通信は、「品川通り」と呼ばれている「調布三・四・一〇号線」の整備を宣伝するパンフレットだったのですが、道路計画線上の住民が整備区間を示す地名の誤記に気づき、考える会は強く抗議。都市整備部長さんがお詫びし、それ以後は協議にも出

席されるようになりました。

その後、市は第三次事業化計画期間内での着工を見送ります。「市は、財政難も手伝って、抵抗の強い地域を後回しにしたのではないか」と、考える会の大方のみなさんは見ています。

会のみなさんが慎重な判断を下しているのは、道路計画がまだ生きているからです。どういうことかというと、二〇一六年度から始まった第四次事業化計画（二〇二五年度までの一〇年間）で、優先整備路線からは外されたものの、計画検討路線として残っているのです。ただ、少なくともこれからの一〇年間、若葉の森が守られる結果となったのは、現段階ではとても大きな成果だと私は思うのです。それもこれも、会のみなさんが理にかなった論理で、あきらめずに市の主張を論破していった努力が実ったのだと考えます。

会のみなさんの活動は、少なくとも、土俵際で若葉の森を守っているのです。

これからの社会のあり方を提言している!?——会の活動のひろがり

二〇一六年春。若葉の森に接する敷地にある、伝統建築のよさが随所に生きている古民家が壊されようとしていました。ちょうふ環境市民会議の理事になった大村哲夫さんは、この建物を保存し、森の環境と共生する、市民活動の拠点として活用することを提言。かつて協議で対立することもあった市の担当者も賛同し、保存に向けて動き始めました。

この出来事は、今後の地方自治のあり方を考えるうえでとても象徴的です。なぜなら、考える会のメンバーが地域づくりの活動へと身を投じていった結果、行政と市民の垣根を越えて、まちのあり方を一緒に考えていく関係が構築されているからです。さらに大村さんは、地域で知り合った若いクリエーターたちと協力し、まちの地図づくりも一緒に行っています。

一方、森の危機がきっかけで「森を保全しなくちゃ！」という意識も拡がりました。野村大也さんは、「調布市若葉町三丁目　第一緑地　みどりといきものを大切にする会」（略称：若葉の森三・一会）を立ち上げ活動されています。吉野由美さんは、保全された森のなかで「若葉の森で歌う会」を開催しています。森をつくり、文化活動をする。そうした市民の活動が起きているのです。「道路計画を止める」活動から発展し、「森を守る」活動へと拡がっていくなかで、みなさんはあらためて森の大切さを再認識し、「森をつくる」活動が始まったのです。

私は、こうした市民の動きに、地域に根ざした民主主義による社会づくりの可能性を見ます。道路計画は、主権者そっちのけで「お上」が決定する統治の代表的な事例ですよね。それに対し、考える会のみなさんを基点に広がっているつながりは、市民が主役となって地域を動かしていく民主的自治のかたちを示してくれていると思うのです。なぜなら、市民やＮＰＯ、ボランティア団体などのアクターがゆるやかにつながって、地域の生活の視点から、森をつくったり、よりよいまちのあり方を考えたりし、行政にも提言していっているからです。

このような動きは、民主主義の内実をより豊かにしてくれる可能性も秘めています。というのも、まちの将来を考えて提言していく住民自身が実質的にまちづくりを担っているのですから、住民が出した計画こそ、そのまちにもっともふさわしいハズであり、「お上」からの計画は実質的な意味を失うハズだからです。

私は、第一に、これこそが地域住民・各種市民団体・行政間の協治（ガバナンス）によって進められる新しい地方自治のかたちであり、第二に、このような自治体が増えてきてはじめて「官僚主導の道路計画はおかしいよ」とほうぼうで言える環境が整い、公務員のみなさんが葛藤を覚えずにすむ住民参画の都市計画づくりも始動していくのではないかと考えるのです。

良好な住環境の維持を、あきらめない

でも、考える会が求めてきた都市計画決定過程への住民参画が実現されたわけではありません。計画も廃止になったわけではありません。第四次事業化計画では、先ほど見たように、反対の強い若葉の森の区間は計画検討路線に格下げされたものの、調布三・四・一七号線を境にした東側の三四〇メートル（図3参照）だけは、実は都施行の優先整備路線とされていて、外堀が埋められつつあるようにも見え、むしろ予断を許さない状況です。

だから、考える会の活動はまだ終わりが見えませんが、みなさん、あきらめていません。

堀尾さんは言います。「これは私たちの学習運動でもあり、環境や景観、道路のあり方、住民自治のあり方について共に学びあい、高め合う場でもあり、豊富なデータも共有してきました。それだけに、短期で代わる市の担当者との認識の落差を感じることが多い。行政の側は、新旧担当者間の正確な引き継ぎと住民から学ぶ姿勢が大事ではと思っています」。

田中さんは言います。「この道路問題の根っこには、行政が自分たちの思うように政策を決定できる問題があるのです。その形骸化した民主主義の仕組みを改善し、住民参加と情報公開を進めなければ、いつまでも同じことが起きてしまう。次世代に良好な環境を残すためにも、廃止までもっていきたいと思っています」。

とても難しい問題ですが、会のみなさんならきっと成し遂げられる、私はそう思います。なぜなら、住民のみなさんの寛容さは、行政の人たちにも向けられているからです。

「市の方も住民の生活が大事なんだとわかってくれると信じたい。小さい力だけど、行政にたずさわる方たちに考えを変えてもらいたくて継続しています」という鈴村さんの想いは、多くのメンバー

にも共有されている気持ちです。会のメンバーの一人である齊藤孝さんも、「賛成する人たちとの対話もしながら、どのように活動を進めていくかが今後の課題だ」と指摘します。

良好な環境を維持し、次世代に渡していく責任がある。そのためには、住民参画の都市計画づくりの仕組みができなければ、安心できない。それを実現するには、行政にたずさわる方がたに意識を変えてもらうしかない。それが実現できるまで、あきらめない。

つらいことがありながらも、「私たちは『シルバー幼なじみ』なんですよ」と嬉しそうに語ってくれる野村さんのように、みんなでつながって楽しく活動している姿を拝見するたびに、住田守さんの好きなマルティン・ブーバーの「本当に生きている現実とは〈出会い〉である」という言葉の意味が、わかるような気がするのです。

考える会のみなさんのこうした姿に接するかぎり、私には希望だけが見えるのです。

読者のみなさんの身のまわりにも、あきらめかけているけど本当はイヤだという現実があると思います。一人で考えるのも、仲間を呼びかけるのも、正直しんどいですよね。でももし、かけがえのない仲間とつながれたなら、ひょっとすると、事態は好転するかもしれません。

ここからは、そんなときに踏まえておきたいいくつかの視点について考えてみたいと思うのです。

地域エゴなんて、ない

道路計画が長い眠りから覚めた理由

「第三次事業化計画」では、道路をつくって実現したい四つの目標が掲げられています。

「多摩地域における今後の道路整備の四つの基本目標」

（活　力）　自立と連携・交流の都市づくり
（安　全）　安全で安心できるまちの実現
（環　境）　快適な環境の創出
（暮らし）　質の高い生活の実現

この四目標にもとづき策定された八つの必要性に鑑み、優先整備路線が決まったという調布市の説明に、住民は「すでに快適な暮らしは享受している」と反論してきたのでした。

先ほど見たように、協議を継続しつつ、住民のみなさんが展開していった「森づくり」「まちづくり」等の多様な活動が「快適な環境」や「質の高い生活」につながって、「自立と連携・交流の都市」づくりのあり方を私たちに示してくれている現状から見れば、道路をつくりさえすればこうした目標が達成されるという思考回路には、驚かされるばかりです。

幹線道路に囲まれた居住区域は、狭いほどよい？

ちなみに整備方針で確認が必要とされている八つの必要性は、以下のとおりです。

○　①交通処理機能の確保
　　②都市間ネットワークの形成
○　③バス交通をささえる道路網の形成
○　④震災時における防災性の向上
○　⑤良好な居住地区の形成
　　⑥大気汚染物質および温室効果ガスの排出抑制
○　⑦拠点整備やまちづくりへの貢献
　　⑧環境軸の形成

調布三・四・一〇号線は、〇のついた五つの項目に該当すると市は強調します。

私がビックリしたのは、都市整備部の方がたが、幹線道路に囲まれている居住空間は、概ね一キロメートル四方の区画で整備されていくのがよいと考えていることでした。その方針のもとで、若葉の森を突っ切る道路をつくれば、崖上の人も崖下の人も、バス停が近くなるし（③の採用理由）、車で出かけるときもすぐ幹線道路に出られるし（⑤の採用理由）、大きな道のほうが歩くのに便利でみんな集まってくるし（⑦の採用理由）、震災時だって火災の延焼遮断帯になって緊急車両も早くこられる（④の採用理由）というわけです。

でも、成熟している既存のまちに、そのような考えを一方的・機械的に当てはめて道路計画線を引くこと自体が、そもそもおかしいと思うのです。

将来を見通しませんか？——反論(一)

第四回協議ではじめて、市の主張に対する考える会側の反論プレゼンが行われました。

トップバッターの田中さんは、交通量を調査した結果から反論しました。

片側一車線の調布三・四・一〇号線が交通処理機能の確保を理由とするには、都の考えに準じ一日六〇〇〇台の通過交通量の将来見込みが必要です。そこで市は、一日二万二〇〇〇台の交通量を予想。これに対し、計画線の周囲で、計画線と同じように東西に通じる道路の交通量を調べた田中さんは、これは明らかに過大評価で、いまの道路網でも十分間に合っていると指摘したのです。続けて、将来人口の減少が予測されている点からみても、とても必要だとは思えない。国土交通省だって、将来の自動車台数予想を下方修正したではないか。そう反論されたのです。

二番手の大村さんは、国土交通省の推計では、二〇三〇年に既存の交通インフラの修繕費だけで国の公共事業予算を食いつぶしてしまう見込みだというデータをあげ、交通量予測からいっても、二一世紀のいま、森をつぶしてまで道路の新設が必要なのかと問いかけたのです。

良好な環境はもう享受している！——反論(二)

さらに大村さんは、若葉の森周辺は交通事故ゼロ地帯だからすでに「安全」だし、若葉の森周辺は空気もきれいでクールアイランドの機能を果たしているし、保水機能があって入間川の洪水を抑制してくれるから、「防災機能」を果たし「安心」感をもたらしてくれるし、火災の延焼防止機能だって道路より高いハズだと、ことごとく市の立論を論破したのです。

大村さんは続けて、だからこそ、私たちはすでに良好な居住環境を享受していると言えるのだと強調されました。これはまさに、この地域に住む一人ひとりの、良好な環境を享受する権利（環境権）を大事にしたいという主張です。

お二人のあげた理由は、会のみなさんによる調査の結晶で、とても説得力がありました。大きな道路をつくれば交通事故は増え、大気も汚染され、雨水が道をつたってドッと崖下に流れ込むのは必至でしょうから。

私たちは、そんな不安を感じずに生活したい。そのためには、いまの暮らしがそのまま続けられるだけで十分だ――これは、若葉の森を愛する人たちの共通の願いなのです。

「これって、地域エゴですか？」

大村さんは最後に問いかけました。そういう思いは「地域エゴでしょうか？」と。

大学院の授業でさえも「経済発展するうえでの環境破壊は仕方なかった」という意見が出るくらいですから、「地域エゴだ」と思う人は多いのかもしれません。でも、私は思うのです。「否、むしろみんなの環境権を守ってくれる、ありがたい活動です」と。

調布市が言うように、住宅街の居住空間にとって、幹線道路に囲まれる範囲は狭いほうがよいのだとしたら、都市の緑はなくなってしまうでしょう。その結果、たしかに車で早く移動したい多くの人にとっては、利便性が増すかもしれません。

しかし、緑をつぶしてどんどん道路をつくってしまえば、そうした人も含めて、都市に暮らす私たち全員の環境権がよりいっそう侵害され、経済的負担も増す未来が訪れるかもしれないのです。ヒートアイランド現象が増し、夜、寝苦しくなって電気代がかさんだり、洪水の危険性が増したり、大気汚染がひどくなって（ちなみに、多摩地域における光化学スモッグの危険度はいまでも相当高い）健康に影響が出たりする可能性が高まるからです。

もう一つ懸念材料を加えるなら、道路をつくりすぎて財政破綻してしまった場合、道路の修繕はままならず、ガタガタになってよりいっそう環境は悪化するし、社会福祉・社会保障にも影響が出て、生活環境もまたよりいっそう悪化するハズです。

そうだとすると、一人ひとりの良好な居住環境を享受する権利の担保がまず優先され、その点がまちづくりに生かされた一つひとつの地域が先にあって、できる範囲で道路ネットワークを形成したほうが、より多くの人の環境権が担保されるハズなのです。

以上のように考えてみると、一つひとつの地域で、住民のみなさんが「良好な環境を守りたい！」と言い続け活動されることこそ、私たちの環境権が守られる結果につながるハズですから、そうした動きは決して地域エゴなどではありえない。私たちみんなのいのちを守ってくれる、大切な活動だと思う。

それが私なりの答えです。

生活破壊の戦後史

居場所が奪われていった高度成長期

スタジオジブリの映画『平成たぬき合戦ぽんぽこ』で描かれているのは、多摩の地にずっと居続けられると思って（?）いたタヌキたちの居場所が、人間の居場所をつくる経済活動によってどんどん奪われていくさまですよね。

皮肉なのは、それほどの拡大を続け、将来バラ色だったハズの高度成長期の経済活動が、反面、いろんな地域で、「ここに居続けたい」と望む人びとからも、生活の基盤や居場所を奪う結果になっていった点です。

水俣や四日市で漁ができなくなり生活を踏みにじられた人びと、大気汚染で住み慣れたまちから逃れざるをえなかった人びと、あいつぐ原子力発電の建設で地域ごと移住を迫られた人びと、そのほとんどが、都市計画道路の建設によって居場所を追われた人びととほぼ同時期の一九五〇～六〇年代以降、生活の基盤や居場所を失っていったのでした。

それはまさに「経済成長は絶対的な善である」という理屈で、社会のあらゆる局面がつくり変えられていった時代に共通する、市民の受難だったのです。

居場所を失った人びとがあきらめずに声をあげ続けた結果、一九七〇年の「公害国会」を経て、大気や河川の汚染は改善し、厳しい基準をパスした日本車が高評価を受け、日本はたしかに環境先進国へと変貌を遂げました。

ところが二〇一一年三月一一日、そうした四〇余年の努力を無に帰す福島第一原発事故が起こり、多くの人びとが生活の基盤と居場所を同時に失う事態が、また発生してしまったのです（ゆえに原発事故を原発公害と呼びます）。

なぜ、このような最悪の結果を招いてしまったのでしょう？　それは、戦後の日本が一貫して、過去の教訓に学べない社会の仕組みを保ち続けてきたからだと思うのです。

人びとの生活を犠牲にし続ける社会の仕組みの正体

その仕組みの第一の特徴は、責任の所在が曖昧だという点です。

原子力政策を例に考えてみましょう。現在、東通原発や六ヶ所村の核燃料再処理工場など原子力関連施設が集中する下北半島は、一九六九年に閣議決定された「新全国総合開発計画（新全総）」のなかで、すでに、原子力関連施設の基地化が目指されていた節のある文面が散見されます。じゃあ、万一事故が起きたら政治に責任があるのかと思いきや、福島原発公害の補償問題では電力会社が一次的な責任を負わされています。では、公害についても電力会社のトップが責任を負うのかと思いきや、司法権力は「電力会社のトップに責任なし」と判断してしまいました。

こうなると、加害側に、なぜ公害が起こったかを反省し次に生かす自浄作用を期待するのは難しそうです。

一方、市民が原因を追及しようにも難しい。なぜなら、いったい誰がどこで何を決めてきたのか、その情報を得るのはきわめて困難だからです。原発公害以降、原発利権にむらがる政治家・官僚・財界・学者・報道機関などの利益共同体を指す「原子力ムラ」という言葉が人口に膾炙《かいしゃ》しましたが、こうした利益共同体を「聖域」と呼ぶとすれば、そのなかの情報は、一般市民の私たちにはほとんど見えないのです。この、聖域

のなかで政策が決められ市民が蚊帳の外に置かれる点が、戦後続いてきた仕組みの第二の特徴だと言えます。

そうした聖域は、政治家・中央官庁・関連企業の本社・名門大学の学者など、おもに政治・経済の中心となる都市部（中央）で強い結束を誇ります。一方、そうした聖域の繰り出す施策から被害を受けるのは、おもに地方や都市部の住宅地などの周辺です。両者には、政策を遂行する中央と被害を受ける周辺の市民という、宗主国が植民地を抑圧して利益を収奪してきた帝国主義と似たような関係性が成り立っています。この〈国内帝国主義〉とも言うべき構造が続いてきたのが、戦後日本の第三の特徴です。

こうした仕組みがあるかぎり、重大な事故や事件の責任の所在はハッキリせず、私たち一般市民が何らかの被害を受けかねない状況も解消されないままです。だから、あれだけの原発公害が起こっても、まるで何もなかったかのように「再稼働」が進められるのでしょう。

なぜ少数者を踏みにじってはいけないのか

それでも、公害による被害は仕方なかったという意見は根強いものがあります。大学の授業でも「経済発展するためには、公害被害は仕方のない犠牲だった」という感想がでます。

私は、この〈少数の犠牲容認論〉とも言える意見は正しくないと思うのです。

なぜか。それは、もし社会の仕組みによって他者の生活が犠牲になってもよいのだとしたら、自分の生活もまた、社会の仕組みによって犠牲になるのを容認しなければならないハズだからです。

なぜなら、一人ひとりの自由と生存を平等に認め合うのが前提となっている自由民主主義社会では、特定の人びとだけが、良好な住環境を享受する権利（環境権）を奪われたり、生活を踏みにじられたりする状況は、決して許されないからです。そんな状況に人間が置かれるのが許されるのは、全社会構成員が同じリスクを平等に分かち合う場合しかありえない（もしこうなったら滅私奉公の全体主義国家ですが！）。同じ社会で暮らす以上、人間のあいだの優劣は、絶対につけられない。それが自由民主主義社会の鉄則なのです。

だから〈少数の犠牲容認論〉を口にできるのは、少なくとも「自分自身の生活もまた、経済成長の犠牲にされたってかまわない」という覚悟ができている人だけのハズなのです。

でも、そんな人っているのでしょうか？　もし、自分だけは特別で、そんな被害を受けるわけがないと思って言っているなら、それはたんなるエゴイズムでしょう？　もし聖域の住人がこの見解を発するなら、それは自分たちの責任を回避するための方便にすぎませんよね。

民主的な地方自治への処方箋

そう考えてみると、特定の地域の人びとだけが危険や不利益を負うのはおかしいのです。いつ、いまの生活をし続けられなくなるかわからない代物なぞ、誰も欲しくはないのですから。だから、原発の立地が計画された地域では大反対が起きたのだと思います。建ったところも、建てさせなかったところも。しかし、さまざまな利益誘導で反対運動が懐柔され、原発が建ってしまった地域では、いまは原子力政策について口にするのすら憚《はばか》られる状況にあります。

この状況を「賛成派と反対派の対立の結果、反対派が負けた」と評価する向きが多いようですが、私はそれに疑問を感じます。反対していた人のなかには、いまでは賛成する方も多いのですが、漁業権も放棄され、選挙でも負け、建設は必至となるなかで、生きるためには仕方ないと原発を「容認」してきただけのようにも見えるからです。

そんな方たちを「賛成派」とひとくくりにして責め立てるだけでは、問題は解決しない。むしろ問題は、三・一一があった以上、さすがに原発の新設は困難で、近いうちに原発に依存しない地域づくりが必要なときがくるにもかかわらず、住民が自分の地域の未来について、立場を超えて語り合えない状況であり、また、語り合えない状況を強化しようとする「聖域」の政策のあり方だと思うのです。

そうであるなら、少数の地域の犠牲の上に「豊かさ」を享受している私たちには、聖域側の意図を汲んだ〈少数の犠牲容認論〉を内面化する姿勢ではなくて、地域の未来を住民自身が語れる場をつくっていくための支援が求められていると思うのです。どんな地域も自決権が認められる社会にならないと、私たちの未来だってどんどん暗雲が漂ってくるハズですから。

とってもブラックな世界経済

世界同時食糧危機を覚えていますか？

二〇〇八年。世界同時食糧危機があったのを覚えていますか？「その年に食糧危機なんてあったかな？」という感じですよね。でも、カリブの島国ハイチ共和国では、多くの人が生きるか死ぬかの瀬戸際に立たされ、かつて妊婦が安産祈願のため迷信的に食していた泥クッキーを食べざるをえなくなったのです。

なぜ、そんな事態に陥ってしまったのでしょう？それは、国際連合の経済支援の枠組みにありました。

一九九四年。財政危機に陥ったハイチ政府は、「途上国」への経済支援を行う国際通貨基金（ＩＭＦ）に援助を依頼します。このときＩＭＦは、コメの関税を三五％から三％に引き下げることを融資の条件としました。ハイチ政府は迷います。関税を下げれば海外産の安価なコメがドッと入ってきて、国内農家は大打撃を被るからです。でも、ほかに選択肢のないハイチ政府は、シブシブ受け入れるしかなかった。その結果、案の定、安価なアメリカ産米が流入し、国内のコメ農家は壊滅的な状況に陥っていきます。

その後に襲った世界同時食糧危機。ハイチの人びとは、価格が高騰した輸入米を買えず、自国産のコメにもありつけず、泥クッキーを食す羽目になったのです。

国際政治のいびつさ

でもなぜ、ＩＭＦは相手が窮地に陥るような条件を出したのでしょう？　実は、ＩＭＦの運営は、資金の拠出額が多い国ほど口出しできる、株式会社の株主総会のような形式になっているのです。だから、どうしても、拠出額一位のアメリカの意向が反映されやすい。アメリカに有利な条件を出して融資の可否がチラつかされる羽目になってしまう。

無理難題をふっかけられている「途上国」はたくさんあるのに、持ち株方式だから、そうした国の意向はなかなか反映されません。結果、「途上国」の水道公社が民営化され、いのちの根源である水にも満足にありつけないなど、多くの人びとの生活環境が悪化しています。ちなみに、民営化された業務を受注するのは「先進国」の多国籍企業がほとんどです。

国際政治には、「先進国」の利益が優遇される、こうしたいびつさがあるのです。

国際経済のいびつさ

それだけではありません。私たちが食糧危機をほとんど感じずにすんだのは、「先進国」と「途上国」との圧倒的な経済格差があるからです。平たく言えば、お金を持っていさえすれば、少々食料価格が高騰しても購入できてしまうからです。

しかも、食糧自給率が約四割の日本は、和食文化に欠かせない大豆や胡麻さえも、ほとんど輸入に頼っています。その結果、私たちが生きるためにそうした食料を生産してくれている国の地力を奪い、水を奪い、運搬するさいには油を垂れ流してしまっているのです。

これも、私たちの国がマネーという「豊かさ」を得たからこそ可能なのです。

食料だけではなくて、工業生産に使う金属類、原発の燃料であるウランだって一緒です。

その結果、「途上国」のほとんどが、自国で産出できる数種類の原材料を「先進国」に輸出するモノカルチャー経済と化し、IMFからの借金も、なかなか返済できずにいるのです。ハイチの場合はもっと過酷で、IMFへの返済に加え、宗主国だったフランスへの「賠償金」も支払い続けています。一八〇七年、やっとの思いで宗主国軍を跳ね返し、いちはやく独立を勝ち取ったハイチに、フランスが独立の見返りとして賠償金を請求したからです。

自給と支え合いの経済へ

だから、「途上国」の苦難は、当該国の人びとの努力が足りないから起きているわけではありません。ハッキリ言えば、かつての宗主国である「先進国」が、かつての植民地である「途上国」を搾取するために世界経済の仕組みを使う姿勢に変化がなく（IMFの仕組みはその象徴！）、「途上国」が不利な立場におかれ続けてきた現実にこそ要因があるのです。IMFへの拠出額が二番目に多い日本の私たちにとっても、けっして他人ごとではないのです。

では、「豊かさ」を享受している私たちに何かできることってあるのでしょうか？

世界的な経済格差の元凶は、「先進国」のなかで余っているモノを売りつけ、足りないモノを安く買い叩く経済システムにあるのでした。そうすると私たちには、「途上国」から安価で巻き上げているモノのうち、自分たちで生産できるモノはつくり、生産できないモノだけ公平な価格でわけてもらう経済活動が求められていると思うのです。いわれのない苦しみから人びとが解放されるような世界の政治・経済システムの実現は、そうしてはじめて糸口が開けてくると考えます。

そうなると、日本がなすべきは、エネルギーと食料の自給率向上です。「そんなこと可能なの?」ですって? いやいや、すでにもういろんな地域で取り組みが始まっているのです。有名なのは岩手県葛巻町の取り組みです。他地域と同様、過疎高齢化に悩んでいた葛巻町は、地域の気候に合うブドウを生産してワイナリーをつくったり、酪農を盛んにして牛フンからバイオガスを生産したり、林業を再生して暖房用の木質ペレットをつくったり。ほかにも、北海道東部では、マツの木を使った木質バイオマスによるエネルギー生産(発電、熱利用)の取り組みが盛んです。長野県飯田市では、まちぐるみで再生可能エネルギーの普及が図られています。このように、人間社会と自然環境との循環を、農業生産やエネルギー生産を軸として考える地域づくりが、各地で探求されているのです。

自給率を上げるには、こうした取り組みへの支援が必要です。でも、自給率を上げれば「途上国」の儲けは小さくなりますから、「先進国」は、「途上国」が自分たちのつくった生産物で経済を回していけるよう、技術的・金銭的・教育的支援を充実させる必要もあります。そうしてはじめて、世界に偏在する「豊かさ」が、みんなのものになっていくと思うのです。

本当に深刻な世界的飢饉が発生したら、いくらマネーをチラつかせたって、誰も食料を売ってはくれないハズですから、日本に暮らす私たちは真っ先に餓死してしまうでしょう。だから自給率の上昇を目指す実践は、「途上国」から富を奪う必要をなくし、対等なつきあいを始めるためだけではなく、自分たちのいのちや暮らしを守るためでもあるのです。

こう考えてくると、自然環境を守るためには、「先進国」でも「途上国」でも、自分たちの地域が、人間と自然との循環を軸にした豊かさを取り戻し、それでも生活に足りないもの(資源・技術・知識等)を、国内の、あるいは国境を越えた個人間、地域間、国家間など重層的な関係のレベルで、お互いに補いあっていく実践が、結局は一番の近道だと言えそうです。

多様性が尊重される社会をあきらめない

ここまで、自分たちの良好な環境（自然環境・住環境・社会環境）を維持するには、地域の課題に何か取り組んでみるのが実は近道ではないかと、そのための一歩を踏み出してみてはどうでしょう、と述べてきました。

そこで最後に、言いっ放しではいけないので、私自身が、地域にこだわらず、ある目的を持って自発的に集まった人たちの活動（アソシエーション）に、それこそ勇気を振りしぼって一歩踏み出した経験をお話しさせてください。

アソシエーションに関するお話をするのは、地域での活動が、ともすると閉鎖的で抑圧的になる可能性を秘めているので、並行して、その他の地域横断的な、多様な形での活動が展開されたほうがよいと思っているからです。私の体験事例は、ボランティア活動です。

初めての災害ボランティア

二〇〇〇年五月一五日。北海道旧虻田町で「自分に大役が務まるだろうか？」と不安でいっぱいだった私を、満開の桜が迎えてくれました。三月三一日に起こった有珠山の噴火で一万人以上の方が避難していたのに、北海道という場所が災いしてか、ボランティアが不足していると聞き活動に志願したのですが、本格的なボランティアは初めてだったのです。

でも、いざボランティアセンターに着いてみると、あまりの忙しさに、そんな不安は吹っとびます。休学中で長期の活動が可能だったため、通常の災害支援に加えて、被災地の役に立ちたいと訪れる方がた（美容師・フットケアの専門家・マッサージ師・絵手紙作家さん等）と避難所とをマッチングするコーディネート業務も任されたからです。

ここで私は、人と人との思いをつなげるのがいかに難しいか、痛感します。

慶応大学の落語研究会がきてくださったときのこと。ほとんどの会場は満員御礼だったのですが、ある仮設住宅地区の会場だけ、観客が一人もいなかったのです。

一軒一軒案内して回る私に浴びせられたのは、「いま、笑ってるどころじゃないんだよ！」という言葉でした。おっしゃるとおりです。でも、落研のみなさんには顔向けができない。そんな私の気持ちを察してか、落研の方が「仕方ないですよ」と言ってくださったのを、いまでも忘れることはできません。

モンゴル民族舞踊団や演奏家の方もきてくださいました。被災された方がたに元気になってほしいという思いを実現するには舞台が必要です。そのたびに「いつでも使ってください」とおっしゃる学校の先生に感謝し、公文書を渡して体育館をお借りしたのも忘れられない思い出です。

こうした体験をとおして、はじめて私は、いろんな立場の方の要望に応える難しさと責任の重さを知りました。同時に、他者のため、人に頭を下げ、突然罵倒されても応じないといけない経験をするなかで、自分がいかに周りの人に支えられて生きてきたかも痛感したのです。

いろいろ学んだ障がい者との関わり

郷里に戻ってからは、障がい者の外出支援ボランティアにたずさわりました。のちに事務局もお手伝いした鹿児島ボランティアネットワーク（現・ＮＰＯ法人鹿児島ボラネット［以下ＫＶＮと略します］、代表：後藤礼治さん）のお花見会ではじめて本格的に障がい者の方たちと交流することになった私は、もうドキドキでした。「怖い」という感情がなかったといえばウソになります。障がい者ってどんな人たちなんだろう、こんな私が役に立つのだろうか。でも、みんなで飲んで歌って語り合うなかで、とんだ取り越し苦労だったと気づいたのです。

ＫＶＮの日常の活動でも、軽度の方から重複障がいの方まで、いろんな方と一緒に水族館に行ったり、お茶をしたり、氷川きよしの歌を歌ったりしました。

ほかにも忘れられない思い出があります。県の施設で、夏休みの五週間、知的障がい児の水泳教室を任されたさいの初日。高校生の女の子が、いきなり私のみぞおちを殴ってきたのです。

小さい人間ゆえ、少しムッとしましたが、笑っていることができました。それも、津守真さんの『子どもの世界をどうみるか』（ＮＨＫブックス）を読んでいたおかげで、知的障がい児は、はじめて出会った大人に対し、ある程度暴力的なやり方で信頼に値する相手かどうか見極めるという話を覚えていたのです。その後は、最後の週まで楽しく一緒に泳いだのを思い出します。

こうした活動をとおして、私は知ることになるのです。障がい者も私たちとまったく同じ人間であり、頑固な人も、周囲を和ます人も、カッコいい人も、シャイな人もいるんだということを。知的障がい者だって、魂と魂との信頼関係を求めているということを。そして、これらの交流を通じて、ほかならぬ自分自身が成長させてもらっているということを。

だから障がい者は、けっして社会に不要な存在ではない。一人ひとりが尊厳を持ち、他者に影響を及ぼしあう一人格として、けっして侵されてはならない存在なのです。

〈信念への盲従〉の危うさ

こう考えるとき、二〇一六年七月、相模原市の施設で起きた連続殺傷事件の痛ましさには、絶句せざるをえません。当該施設の警備員として障がい者の方たちと関わっていた容疑者は、一生懸命に生きる姿から何も感じなかったのだろうかと悲しくなるのです。

容疑者は、「重度の重複障がい者は社会の負担になるから不要だ、抹殺したほうがよい」と考えていたそうですが、こうした思い込みに盲従してしまっていたのかもしれません。

ここで直感するのです。「私」が他者を受け入れる姿勢になければ、べつの「私」との関係性からは何も学ぶことなどできないのではないか、と。宗教でも政治的信念でも何でもいい、それに自らを盲従させ、自分の殻にこもってしまえば、見えるはずの他の「私」のよさも見えなくなってしまうのではないか、と。そうであるなら、一歩を踏み出すときは、たとえ自分なりの考えを持っていたとしても、そうした〈信念への盲従〉に陥ることなく、他者の思いを受け止められる開かれた姿勢が必要なのではないか、と。

自然環境と人間、双方に優しい社会をあきらめない

いろんなつながりのなかで学ばせてもらった私としては、人間は、多様だからこそ違った考えや生きざまにふれて成長できる存在だと、いまでは思っています。だから、多様さが何よりも大事だと。それゆえ人間の多様さが否定された結果としての相模原での障がい者連続殺傷事件は、本当に悲しいのです。

人間の多様さを認める価値観は、これからの世界に

とって重要です。なぜなら、そんな価値観を認める社会は、若葉の森を守る会のように自然環境を守りたいという人たちの意思もまた尊重され、自然環境の保全につながる社会のハズですから。そうだとすると、人間の多様さを認める社会は、結果として、自然環境の多様さを認める社会にもなるわけですから、人間の多様さと自然の多様さは表裏一体の関係にあるのではないか。そう思うのです。

沖縄の基地問題やヘイトスピーチ問題、障がい者の殺傷など、暴力的に物事を解決しようとする動きが強まっているいまの社会で、環境問題がなかなか焦点化されないのは、偶然だとは思えないのです。

人間に優しくない社会は、自然環境に対しても優しいハズがない。逆に、人間に対して優しい社会は、自然環境にも優しいハズ。そんな社会の到来を、私はあきらめたくないのです。

それでも「一歩踏み出すのは正直しんどい」というあなたへ。

私ことで恐縮ですが、人様に許してもらえないようなことをたくさんして、このまま就職してよいのかと悩んで休学したときに、私はボランティアと出会い、人間の多様さの重要性を、生まれてはじめて、心から感じることになりました。

私にはいまでも、迷惑をかけた人に謝り、許しを得た後に目覚めて現実に引き戻される朝を経験することがあります。そんなとき、夢のなかではあっても、過去の恥ずかしい自分を見つめられるほど、自分を成長させてくれたいろんなつながりに感謝する私がいます（もちろん、犯してしまったたくさんの過《あやま》ちは、一生背負い続ける覚悟です）。

もし、過去の失敗した経験が足かせになっているのなら、せめて半歩踏み出してみてください。こんな私にも、それができたのですから。

何か壁にぶつかったとき、生きるのを支えてくれる最後の砦は、人間同士のつながりでしかありえないのだとしたら、そうした関係の構築は、早くできるに越したことはないのですから。

Dialogue

地域で生きる障がい者のリアル

後藤礼治さんは、頸椎損傷で首から下が動かせない。でも、NPO法人「鹿児島ボラネット（KVN）」代表として、障がい者が地域で生活できるようにするため、福祉タクシー事業と外出支援ボランティアの二本柱で、サポート活動を行っている。

——後藤さんの原動力は何ですか？

後藤　いろんな出会いが本当に大きい。大学一年の夏（一九八五年）にバイク事故でいまの体になってから三年以上、心を閉ざし、誰とも話さなかった。でもそんな私のところに、知り合いの看護師さんの紹介で、同じように車イスで生活している人がきてくれて。いろいろ話すうちに、「いじけていてもしょうがない、生まれてきた以上は人生を楽しく、有意義なものにしたい」と思うようになった。それで「全国頸椎損傷者連絡会」の全国大会に出席したら、自立した人生を送っている人たちに出会って。世界も見たいと思っていたら、運よく国連・障害者の一〇年（一九八三〜九二年）だったのも手伝って、ニュージーランドと韓国に行って脊損者と交流する機会に恵まれたんだ。そしたらもう、海外ではみんな、スキューバダイビング、ヨット、スカイダイビングといろいろやってるわけ。日本はまだ、バリアフリーという言葉もなくて、車イスで町を歩くのすら難しい時代だったから、ショックだった。逆に、それでいいんだとも思った。自分がやりたいことをすればいいんだと。同級生たちはふつうに遊び、デートし、バイトやサークル活動をして青春を謳歌しているのに、自分は手も足も動かず、天井ばかり見ている……そんなギャップに毎日苦しんでいたけど、自分が現状を変えればいいんだ、変えなければならないと決意したんだよね。

——それがきっかけで、KVNのような団体をつくろうと。

後藤　そう。そこでまず「自分が主体的に動けるようにするには、どうすればよいか？」と考えた。生きていくには、精神的にいろいろ話せる相手が必要だし、身のまわりのことを介助してくれる人が必要。でも、九〇年代はまだ公的なヘルパー派遣制度がなかった（開始は二〇〇三年）。それで、「普通の生活をしたいのにできない多くの車イスの仲間をサポートできる団体を立ち上げたい！」と思うようになった。

――でも、KVNの設立は、たしか二〇〇〇年頃ですよね？

後藤　そう。実は「全国頸椎損傷者連絡会」の大会で「いつか支援団体をつくりたい！」と叫んだら、たまたま鹿児島国際大学の先生を知っている人が「紹介してあげる！」と言ってくれて。九〇年代中頃から、学生さんたちが毎週日曜日に外出介助をしてくれて、本当、お世話になった。かれらもKVN立ち上げ時のメンバーだったから。この頃、阪神淡路大震災が起きて、ボランティア元年といわれるほどみんなの意識が変化したのもよかった。福祉ボランティア活動をする人も増えたから。

――いま、「協働」のまちづくりがいろんなところで行政の目標となっていますけど、後藤さんと一緒にボランティアしていた身からすると、なんか違和感があるんですよね。

後藤　そうだね。ボランティアさんに私たちの日常を継続してサポートしてもらうなんて、無理に決まっている。ボランティアはできる範囲でしてもらうのが基本だから。障がい者の日常は、やはりきちんとした職業の人たちが支援する体制を充実させるべきだよね。

――では、KVNでは、ボランティアはどんな位置づけになっているんですか？

後藤　たとえば、障がい者会員から「映画してお茶したい！」という要望があったとする。事務局では、その要望に応えるためにプランを練って、障がい者会員、ボランティア会員全員に参加者を募って実行する。そんな小企画を中心にボランティアさんにはお世話になってるね。全会員での交流会は、いまではお花見とクリスマスしかやっていない。

――私がいた頃とはだいぶ変わりましたね。二か月に一回、全体交流会やった年もありましたから（笑）。

――なぜ小企画中心にシフトしたんですか？

後藤　私もそうだったわけだけど、障がい者って、どうしてもふさぎがちになってしまうでしょ。社会参加が難しかったり、将来を悲観したり。私はそんな人たちの居場所をつくりたい。だから、障がい者の希望を叶えられる小企画を増やした。自分がここにいていいんだという居場所づくりは、本当に大切。たとえば、毎月市内の風船バレーチームが福祉センターに集まって練習交流会が行われていて、障がい者、ボランティア関係なく参加できる。他にも、やはり月一回、あるＮＰＯとショッピングセンターが共催で、障がい者、健常者が誰でも参加可能なステージ発表とバザー出店が行われている。自分も後藤バンドと称して（笑）、ギター、キーボードの人と一緒にボーカルで思い切り歌わせてもらって、ストレスを発散している。前に出るのが恥ずかしい人は小物をつくってバザーで売ればいい。ＫＶＮの活動でそんな居場所をたくさんつくり、引きこもりがちな障がい者が自分の殻を破るきっかけにしてほしいんだよね。

――でも、私がいた頃から、ボランティアがなかなか集まらない現実もありましたよね。

後藤　そう、そこが団体運営上、悩ましいところ。障がい者の外出支援をするということは、すなわち、障がい者の手足、目、耳となってもらうということ。だから、相当な信頼関係がなければボランティアさんも長続きしないし、障がい者も心を開けない。だから、小企画等をとおして信頼関係を築いてもらいたい。それが理想だけど、やっぱり少数のボランティアにしわ寄せがいってしまう。なんとかしないと、とは思うんだけど……。

――福祉タクシー事業のほうは、順調なんですか？

後藤　おかげさまで利用者は毎年増えていっている。ただ、昨今気になるのは、これまで障がい者活動をやってきて、精神疾患の方との関わりが増えていっているような気がするということ。なんだか社会がおかしい方向に行ってるんじゃないかな。

――なんだかおかしな方向、というと？

後藤　教育の現場がわかりやすいよね。理想的には、同じ教室のなかで、障がい児も一緒に育つ教育。多様な人間がいるんだと気づけるから。けど、日本の場合、とにかく画一的に育てようとするでしょ？　特別支援学級とか養護学校とか、障がい児がそもそも排除される仕組みでしょ？　そうなれば、多様な人を認められない大人が育っちゃうのは当然だよね。結果、宗教、肌の色、言葉が違うだけで、「自分とは違う人間だ」となっちゃう。その延長に障がい者差別もある。

――多様な人を認められない大人、と聞いて、二〇一六年七月に起こった相模原障害者施設殺傷事件を思い出したのですが、あの事件についてはどう思いますか？

後藤　直後はショックだったけど、正直、いまの社会状況なら起こってもおかしくないと思った。世界規模で不安定になっている世の中では、個人もまた、責め立てられないようにしようと、武器が必要だと思ったり、自分が強くなるように思える言説に飛びついたりして、保守的になっていくと思う。事件の容疑者は、そんな社会状況のなかで、たまたま障害者施設に就職し、たまたまヒトラーの思想に出会ってしまったんじゃないかな。もし彼が児童福祉施設で働いてたら、子どもが標的になっていただろうし、高齢者施設だったら高齢者が標的になっていたんだろう。

――では、おたがいの多様性を認められる社会にするには、どうすればいいんでしょう？

後藤　とにかく、社会制度にしても何にしても、まずは当事者の目線から考えていくのが必要！　でも、それだけではいけない。おかしな社会を変えるには、当事者が声をあげないと。当事者の目線から見て、当事者が声をあげる。この両輪がなければ改善すべき点は変えられない。介護事業をはじめとして、今日の福祉施策の多くは、先人の当事者である障がい者が運動を起こし、声をあげたから、現在のような恵まれた地域環境ができあがったんだよ。この歴史を多くの人に知ってほしい。もっとも大事なのは、やっぱり教育かな。事故るまでは、自分も障がい者って遠い世界の人たちだと思ってたから。まちのなかを車イスが通っていたんだろうけど、気づいてなかった。それではいけない。子どものときから、いろんな友人に囲まれて、遊んで、喧嘩して育つのが普通になってはじめて、ユニバーサル社会が実現するんじゃないかな。

——同感です。私の子どもたちはそうした理念の小学校に通っているんですけど、みんなで助けあって生活できてるみたい。でも学費が高くて……(汗)。子どもの進学先が、家庭の経済状況ではなく、学校の理念で選べるような仕組みにならないと、画一的な教育に風穴はなかなか開けられないかもですね。興味深いお話、どうもありがとうございました。

事故のあと、どん底まで追いつめられるも、あきらめず、いろんな出会いを通じてできた人脈に支えてもらって、夢を叶えようと活動している後藤さん。こんな方が地域にいるなら、リアル社会は、まだまだ捨てたものじゃない。

あとがき

私たちが本をつくるうえで意識していたのは、『喫茶店のソクラテス』（汐文社）であった。一九八五年に刊行された同書は、平易な言葉で綴られた一般読者向けの入門的哲学書である。いまでこそこうした試みはめずらしくないが、当時は画期的だった。刊行と同時に大きな話題を呼び、版を何度も重ねた。一九八〇年代の人文書の隠れたロングセラーであった。

だが、あくまでも意識していたのであって、続編をつくるつもりでやっていたわけではない。なにせ、『喫茶店のソクラテス』が刊行されてから、すでに三〇年が経っている。

『喫茶店のソクラテス』は、一九八〇年代のバブル経済の時代に、ひたすら消費して遊ぶことが美徳であるとされ、まじめに人生や社会の問題について議論するのはカッコ悪いという風潮に対する異議申し立ての書であった。それに対して私たちの著作は、自己責任の発想と論理が社会に支配的になり、この世界には社会というものは実在せず、個人だけが、男と女だけが、家族だけが存在しているようにも感じられる「社会」の解体状況に対する異議申し立てであると、ひとまず言えるだろう。『リアル世界をあきらめない』というタイトルには、破局に向かう日本社会のなかにあって、なんとか覚醒し、まともさの側に踏みとどまって社会を編み直したいという意思がこめられている。

この本を読んで実際に確かめてほしいのだが、それぞれが大学の教員である四人の著者は、かなりの学生思いだ。また、研究・教育の場を大学のみならず地域のなかに持ち、アクティブに活動している。本書の記述には、著者たちがこれまで積み重ねてきた人びととの対話や共同の経験が伏在している。テキスト（text）が社会に根を持ちきれずに「既製品」として売り出されることが多いなかで、この本はさまざまな人びととのつながりのなかから生まれたものであり、多くの言葉や経験が編み込まれた織物（textile）であるというささやかな自負が私たちにはある。

なお、『喫茶店のソクラテス』で好評を博した「現代用語のいじわる基礎知識」にあたるものとして、本書では「ちょっとわき道ワキペディア――世の中を斜めから読み解く48のキーワード」を配した。これについては執筆者グループとは別にチームを編成して制作にあたった。既成現実を穿《うが》つ諧《かい》謔《ぎゃく》精神の有効性や面白さを感じ取ってもらえればうれしい。

最後に、この場を借りて名前を記して感謝したい人が二人いる。

一人は西垣美穂子さん。この間、ともにこの本づくりに向けて議論してきた大事な仲間だ。今回は事情により原稿の掲載はかなわなかったが、彼女のコミットメントがあったからこそ私たちは本づくりのための議論を継続することができた。

もう一人は、はるか書房の編集者の小倉修さん。小倉さんは著者たちの話し合いの過程を見守り、新しい世代の研究者集団（時代をつくる文化ラボ）の成立にむけて粘り強く伴走してくださった。もともとこの本の企画が始まったのは、二〇一一年三月の東日本大震災から間もない頃。出版まであしかけ五年ほどかかったということになる。だが、私たちの思考と表現が発酵するには必要な時間だった。出版事情がきびしいなかで、小倉さんはその時間をちゃんと待ってくださった。このことに深く感謝したい。

二〇一六年秋

執筆者を代表して　時代をつくる文化ラボ研究員

和田　悠

時代をつくる文化ラボ
メンバープロフィール

●

小谷　英生（こたに ひでお）

群馬大学教育学部文化・社会系社会専攻で倫理学と哲学を教える。趣味は酒・料理（作るのも食べるのも）・ドライブ・マンガ・アクアリウム。人間でいうとやくみつる、ポケモンでいうとコダックに似ている。座右の銘は「死ぬまでは生きている」。

●

小山　花子（こやま はなこ）

盛岡大学で教壇に立つ。政治思想を専門としながら、『野鳥』に一読者として「スズメが好き」を投稿。落研顧問を務め、長野県での深夜の散歩について書き綴るなど、意外なキャラは「自然体」とも評される。通称花たん。猫を飼っている。

●

澤　佳成（さわ よしなり）

東京農工大学農学部で環境哲学を教える。地域の方がたに学びつつ、持続可能な共生社会のあり方を思想的に探求している。温泉と千葉ロッテマリーンズが大好き。パートナーの久美子さんは、仕事上の草稿の第一読者。ときにはキビシイだめ出しも。

●

和田　悠（わだ ゆう）

立教大学文学部教育学科教員。市民になるために必要な教育とは何かを考えている。ものまね番組、食品サンプルなどのフェイクに心が躍る。宇多田ヒカルよりミラクルひかるが好き。連れ合い（フェイクではない）の評は「無防備なええかっこしい」。

ちょっとわき道ワキペディア
作成チーム

大倉　茂・越川葉子・高橋在也・橋本直人

制作者紹介

時代をつくる文化ラボ

●

小谷英生
小山花子
澤　佳成
和田　悠

メンバープロフィールは右ページ参照。

リアル世界をあきらめない
――この社会は変わらないと思っているあなたに

二〇一六年一一月五日　第一版第一刷発行

制作者　時代をつくる文化ラボ
発行人　小倉　修
発行元　はるか書房
東京都千代田区三崎町二―一九―八　杉山ビル三F
TEL〇三―三二六四―六八九八
FAX〇三―三二六四―六九九二
発売元　星雲社
東京都文京区水道一―三―三〇
TEL〇三―三八六八―三二七五
装幀者　丸小野共生
製　作　シナノ
定価はカバーに表示してあります
落丁・乱丁本はお取り替えいたします
ISBN978-4-434-22621-2　C0036